KB187763

Daddy-Long-Legs

# 키다리 아저씨

키다리 아저씨



First edition: February 2010

TEL (02)2000-0515 | FAX (02)2271-0172

ISBN 978-89-17-23770-2

# YBM Reading Library는 ...

쉬운 영어로 문학 작품을 즐기면서 영어 실력을 크게 향상시킬 수 있도록 개발된 독해력 완성 프로젝트입니다. 전 세계 어린이와 청소년들에게 재미와 감동을 주는 세계의 명작을 이제 영어로 읽으세요. 원작에 보다 가까이 다가가는 재미와 명작의 깊이를 느낄 수 있을 거예요.

350 단어에서 1800 단어까지 6단계로 나누어져 있어 초·중·고 어느 수준에서나 자신이 좋아하는 스토리를 골라 읽을 수 있고, 눈에 쉽게 들어오는 기본 문장을 바탕으로 활용도가 높고 세련된 영어 표현을 구사하기 때문에 쉽게 읽으면서 영어의 맛을 느낄 수 있습니다. 상세한 해설과 흥미로운 학습 정보, 퀴즈 등이 곳곳에 숨어 있어 학습 효과를 더욱 높일 수 있습니다.

이야기의 분위기를 멋지게 재현해 주는 삽화를 보면서 재미있는 이야기를 읽고, 전문 성우들의 박진감 있는 연기로 스토리를 반복해서 듣다 보면 리스닝 실력까지 크게 향상됩니다.

세계의 명작을 읽는 재미와 영어 실력 완성의 기쁨을 마음껏 맛보고 싶다면, YBM Reading Library와 함께 지금 출발하세요!

준비하고, 읽고, 다지는 3단계 리딩 전략

# YBM Reading Library

책을 읽기 전에 가볍게 워밍업을 한 다음, 재미있게 스토리를 읽고, 다 읽고 난 후 주요 구문과 리스닝까지 꼭꼭 다지는 3단계 리딩 전략! YBM Reading Library, 이렇게 활용하세요.

## Before the Story

**People in the Story**
스토리에 들어가기 전,
등장인물과 만나며 이야기의
분위기를 느껴 보세요~

People in the Story
Judy
Daddy-Long-Legs
Master Jervie

*September 10th*

★ Dear Daddy,

He has gone and we miss him terribly!

The short stories I wrote this summer and sent to magazines all came back. But I don't mind. It's good practice. I showed them to Master Jervie, and he said they were awful, except one. So I rewrote that story and sent it to a magazine again. They've had it two weeks. Maybe they're thinking it over. [1]

## In the Story

**★ 스토리**
재미있는 스토리를 읽어요. 잘 모른다고
멈추지 마세요. 한 페이지, 또는 한 chapter를
끝까지 읽으면서 흐름을 파악하세요.

★★
terribly 몹시
practice (경험 삼아 한) 연습, 훈련
awful 끔찍한
be accepted 채택되다
in payment 보수로, 대가로
win a scholarship 장학금을 받다
board 기숙사 비용, 하숙비
tuition 수업료, 교육비
grades 성적
burden 부담, 짐
★★★
주디는 어떻게 50달러가 생겼나요?
a. It was a prize from school.
b. She sold her story.
c. Master Jervie gave her.

**★★ 단어 및 구문 설명**
어려운 단어나 문장을 마주쳤을 때,
그 뜻이 알고 싶다면 여기를 보세요.
나중에 꼭 외우는 것은 기본이죠.

**★★★ 돌발 퀴즈**
스토리를 잘 파악하고
있는지 궁금하면 돌발 퀴즈로
잠깐 확인해 보세요.

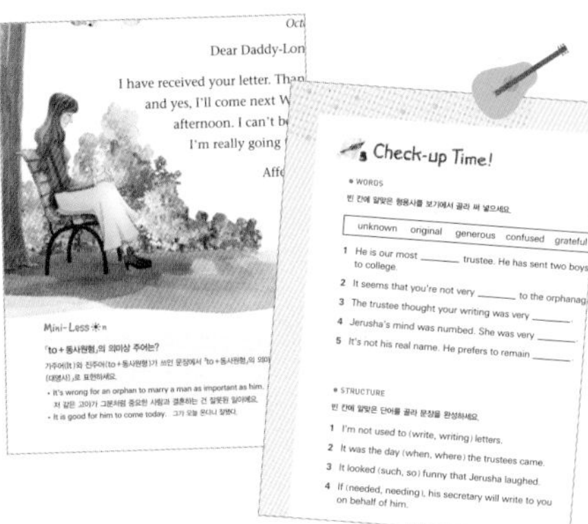


**Mini-Lesson**
너무나 중요해서 그냥 지나칠 수 없는 알짜 구문은 별도로 깊이 있게 배워요.

*Thursday*

What do you think? My story is accepted and I have a $50 check in payment. I'm a writer! And there's a letter from the college. I've won a scholarship for two years that will cover board[2] and tuition. It's for my excellent grades in English. I'm so glad, because now I won't be such a burden to you. College starts in two weeks.

Yours ever,
Judy

1 **think ... over** …에 대해 숙고하다(잘 생각해 보다)
Maybe they're thinking it over.
어쩌면 그들이 그것에 대해 생각해 보고 있을지도 몰라요.

2 **cover** …에 해당하다
I've won a scholarship for two years that will cover board and tuition. 제가 앞으로 2년 동안 기숙사비와 학비에 해당하는 장학금을 받게 되었어요.

**Check-up Time!**
한 chapter를 다 읽은 후 어휘, 구문, summary까지 확실하게 다져요.

**Focus on Background**
작품 뒤에 숨겨져 있는 흥미로운 이야기를 읽으세요. 상식까지 풍부해집니다.

## After the Story

**Reading X-File** 이야기 속에 등장했던 주요 구문을 재미있는 설명과 함께 다시 한번~

**Listening X-File** 영어 발음과 리스닝 실력을 함께 다져 주는 중요한 발음법칙을 살펴봐요.

**MP3 Files**
www.ybmbooksam.com에서 다운로드 하세요!

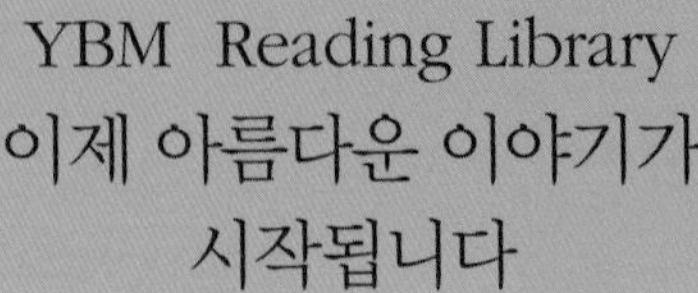
YBM Reading Library
이제 아름다운 이야기가
시작됩니다

# Daddy-Long-Legs

## Before the Story

## In the Story

# Jean Webster (1876 ~ 1916)

진 웹스터는 …

미국 뉴욕 주에서 출판사를 경영하는 아버지와 미국의 대문호 마크 트웨인(Mark Twain)의 조카인 어머니 사이에서 태어나 문학적 소양을 쌓으며 어린 시절을 보냈다. 그 후 웹스터는 명문 여자대학교 바사대학(Vassar College) 재학 중 사회빈곤층의 복지에 관심을 가지게 되어 1901년 졸업 후 사회사업에 몸담았다.

웹스터는 특히 불우한 처지 때문에 배움의 기회를 갖지 못하는 어린이들을 안타까워했으며 이런 마음을 담아 〈키다리 아저씨〉를 집필하게 되었다. 유머와 재치로 가득한 이야기 속에 고아들의 처우 문제를 날카롭게 비판한 이 책은 1912년 발간되자마자 큰 인기를 얻었고 미국 사회에 고아 문제에 대한 관심을 크게 불러일으켰다. 작가는 2년 뒤 속편인 〈친애하는 적에게(Dear Enemy)〉를 출판하기도 했다.

진 웹스터는 1916년 딸을 출산한 다음날 40세를 일기로 세상을 떠났지만 그녀의 이름은 〈키다리 아저씨〉와 함께 영원히 기억되고 있다.

# Daddy-Long-Legs

키다리 아저씨는 …

한 자선사업가의 후원으로 고아원을 떠나 대학에 간 고아 소녀가 문화 충격을 극복하고 작가의 꿈을 이루어가는 과정이 편지문의 형식을 빌어 유머스럽게 그려진 작품이다.

고아원 출신 주디는 이름을 밝히지 않는 후원자에게 키다리 아저씨란 별명을 붙이고 자신의 일상과 생각을 편지로 시시콜콜 적어 보낸다. 주디는 친구들과의 문화적 괴리감을 푸념하기도 하고, 친구 샐리의 오빠인 지미에게 느끼는 감정을 털어놓기도 하고, 우연히 알게 된 상류층 신사 저비 도련님과 친해진 얘기도 하지만, 무엇보다 재능 있고 독립적인 여성으로 성장해 키다리 아저씨에게 입은 은혜를 갚아드리겠다는 당찬 의지를 보인다.

귀여운 소녀 주디가 꿈과 사랑을 함께 이뤄가는 가슴 떨리는 이야기는 시대를 불문하고 독자들에게 변치 않는 감동을 선사하고 있다.

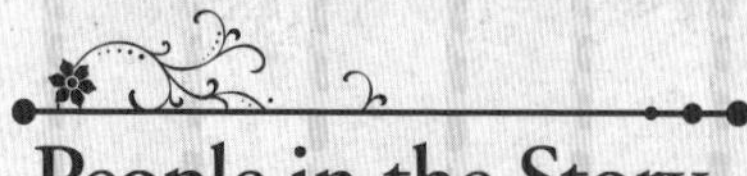

# People in the Story

## Judy

후원자의 도움으로 대학에 진학한 고아 소녀. 이름 모르는 후원자에게 자신과 대학생활에 대한 편지를 써 보낸다.

## Daddy-Long-Legs

정체불명의 후원자. 자신에게 편지를 써 보내는 조건으로 주디를 대학에 보내준다.

## Master Jervie

젊은 재산가. 주디의 친구 줄리아의 젊은 삼촌으로, 주디가 애틋한 사랑을 느낀다.

**Jimmy**

샐리의 오빠. 잘생긴 대학생으로 방학 때 집에 놀러온 주디와 알게 되어 친하게 지낸다.

**Sallie**

주디와 가장 친한 동급생 친구. 화목한 가정에서 자란 쾌활한 아가씨로 주디가 좋아하고 부러워한다.

**Julia**

주디의 동급생 친구. 명문가의 딸로 성격이 도도해 주디의 경계대상이 되나 나중에는 좋은 친구가 된다.

*a Beautiful Invitation*

– YBM Reading Library

# Daddy-Long-Legs

Jean Webster

# Blue Wednesday

우울한 수요일

The first Wednesday of every month was an awful day. It was the day when the trustees of the orphanage came to visit. Every floor must be cleaned and every [1] piece of furniture must be polished. And every bed must be perfectly made. Ninety-seven little orphans must be washed and dressed in fresh clothes.

Jerusha Abbott, the oldest orphan, secretly called it "Blue Wednesday." Jerusha worked hard all day but finally, this Blue Wednesday was over. She went upstairs and sat down by the window. She watched

- □ blue 우울한
- □ trustee (고아원 등의) 후원자
- □ orphanage 고아원
- □ polish (닦아서) 윤을 내다
- □ make a bed 침대를 정리하다
- □ orphan 고아
- □ dress A in B A에게 B를 입히다
- □ matron (고아원) 원장
- □ do ... wrong …을 그르치다
- □ drive (건물 앞의) 자동차 진입로

1 **It is the day when + 주어(A) + 동사(B)** 그날은 바로 A가 B하는 날이다
It was the day when the trustees of the orphanage came to visit.
그날은 바로 고아원 후원자들이 방문하러 오는 날이었다.

the trustees leaving in their cars. Then she heard Tommy Dillon calling her.

"The matron wants to see you," he said.

Jerusha wondered what she had done wrong. She hurried along the dark hall to the office.

She saw a last trustee at the front door. He waved his arm toward a car waiting in the drive. He was very, very tall.

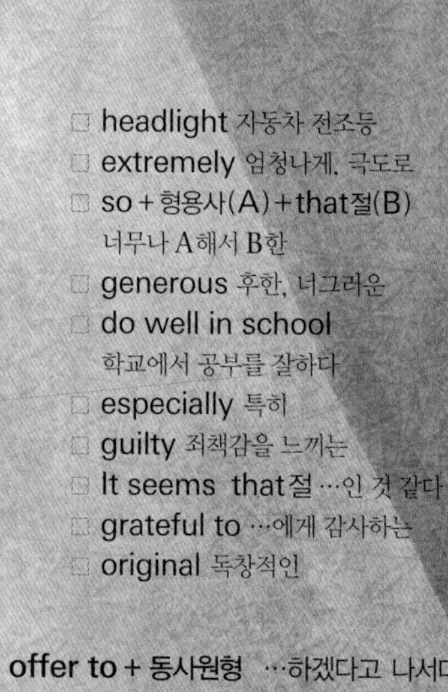

- ☐ headlight 자동차 전조등
- ☐ extremely 엄청나게, 극도로
- ☐ so + 형용사(A) + that절(B) 너무나 A해서 B한
- ☐ generous 후한, 너그러운
- ☐ do well in school 학교에서 공부를 잘하다
- ☐ especially 특히
- ☐ guilty 죄책감을 느끼는
- ☐ It seems that절 …인 것 같다
- ☐ grateful to …에게 감사하는
- ☐ original 독창적인

1 **offer to + 동사원형** …하겠다고 나서다

He offered to send you to college.

그분이 너를 대학에 보내 주시겠다고 나섰다.

The car's headlights threw the trustee's shadow against the wall. The shadow had extremely long legs and arms and looked just like a huge daddy-long-legs.★ It looked so funny that Jerusha laughed. She went into the office, smiling.

daddy-long-legs는 '소경거미'로, 다리가 아주 긴 거미예요. 팔과 다리가 길게 늘어난 후원자의 그림자를 보고 연상한 거지요.

"Sit down Jerusha," said Mrs. Lippett.

Jerusha sat.

"Did you see the gentleman who has just gone?" asked Mrs. Lippett.

"I saw his back," said Jerusha.

"He is our most generous trustee. He has sent two boys to college. But it seems he does not like girls. Anyway today at the meeting, we talked about you."

"Me?"

"Yes," said Mrs. Lippett. "You have done well in school and especially in English. Today, an essay you wrote in your English class was read to the trustees. You know, the one named 'Blue Wednesday.'"

Jerusha felt guilty.

"It seems that you're not very grateful to the orphanage," said Mrs. Lippett. "But fortunately the trustee you've just seen thought your writing was very original. And he offered to send you to college." [1]

"To college?" Jerusha's eyes grew big.

"Yes," said Mrs. Lippett. "He will pay all the expenses. He thinks you could become a good writer."

"A writer?" said Jerusha. Her mind was numbed.

"You will receive thirty-five dollars each month for pocket money," said Mrs. Lippett. "And in return you will write him about your daily life and studies. These letters will be addressed to Mr. John Smith, although that is not his real name. If needed, his secretary will write to you on behalf of him."[1]

Jerusha was very confused. Mrs. Lippett continued,

"He prefers to remain unknown and will never answer[2] your letters. You are the first girl he's decided to send to college. I hope you do not disappoint him."

"Yes, ma'am. Thank you," said Jerusha. She went out of the room and closed the door behind her.

- ☐ expenses 비용
- ☐ numbed (정신이) 멍한
- ☐ pocket money 용돈
- ☐ in return 그 대가로, 그 대신
- ☐ daily life 일상생활
- ☐ studies 학문, 학과공부
- ☐ be addressed to (편지가) … 앞으로 보내지다
- ☐ if needed 필요시에는, 필요한 경우
- ☐ secretary 비서
- ☐ confused 혼란스러운
- ☐ unknown 익명의, 알려지지 않은
- ☐ disappoint 실망시키다
- ☐ close the door behind + 주어의 목적격 (나오거나 들어간 다음) 문을 닫다

❓ What is true about the trustee?

a. His real name is John Smith.
b. He will send Jerusha money every month.
c. He has sent a letter to Mrs. Lippett. 정답 b

1 **on behalf of** …을 위해서(대신해서)
If needed, his secretary will write to you on behalf of him.
필요시, 그분의 비서가 그분을 대신해서 네게 편지를 쓸 거다.

2 **prefer to + 동사원형** (선택 상황에서) …하기를 원하다
He prefers to remain unknown.
그분은 (신분이 알려지기보다) 익명으로 남기를 원하신다.

*215 Fergussen Hall, September 24th*

Dear Kind-Trustee-Who-Sends-Orphans-to-College,

I'm here! College is so big that I get lost whenever I leave my room.

This is a letter to say hello. I'm not used to writing letters and it's odd to write to a stranger. I don't know [1] who you are but I know three things about you:

You are tall. You are rich. You hate girls.

I don't want to call you Mr. John Smith, so I'll call you Dear Daddy-Long-Legs instead. I hope you don't mind. It's just a nickname. Please don't tell Mrs. Lippett.

Oh, bells are ringing now. Time for bed.

Good night!

Yours respectfully,
Jerusha Abbott

- □ get lost 길을 잃다
- □ say hello 안부를 묻다
- □ be used to ...ing …에 익숙하다
- □ odd 이상한, 묘한
- □ mind 반감을 가지다, 싫어하다
- □ nickname 별명, 애칭
- □ Yours respectfully (편지의 맺음말) 존경하는 마음으로

1 **it is+ 형용사(A) + to + 동사원형(B)** B하자니 A하다
It's odd to write to a stranger.
모르는 사람에게 편지를 쓰자니 이상한 기분이 들어요.

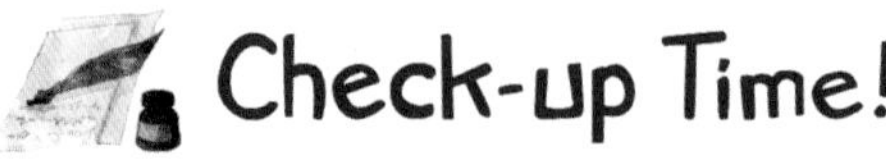

# Check-up Time!

● **WORDS**

빈 칸에 알맞은 형용사를 보기에서 골라 써 넣으세요.

| unknown | original | generous | confused | grateful |
|---|---|---|---|---|

1 He is our most ________ trustee. He has sent two boys to college.

2 It seems that you're not very ________ to the orphanage.

3 The trustee thought your writing was very ________.

4 Jerusha's mind was numbed. She was very ________.

5 It's not his real name. He prefers to remain ________.

● **STRUCTURE**

빈 칸에 알맞은 단어를 골라 문장을 완성하세요.

1 I'm not used to (write, writing) letters.

2 It was the day (when, where) the trustees came.

3 It looked (such, so) funny that Jerusha laughed.

4 If (needed, needing), his secretary will write to you on behalf of him.

**ANSWERS**

**Words** | 1. generous 2. grateful 3. original 4. confused 5. unknown

**Structure** | 1. writing 2. when 3. so 4. needed

## ● COMPREHENSION

본문의 내용과 일치하면 T에, 일치하지 않으면 F에 ∨표 하세요.

| | | T | F |
|---|---|---|---|
| 1 | Mrs. Lippett called Jerusha to scold her. | ☐ | ☐ |
| 2 | Jerusha wrote an essay about the orphanage. | ☐ | ☐ |
| 3 | The tall trustee turned around and saw Jerusha. | ☐ | ☐ |
| 4 | Jerusha was told that she would go to college. | ☐ | ☐ |

## ● SUMMARY

빈 칸에 맞는 말을 골라 이야기를 완성하세요.

Jerusha was an (    ) girl. One day a rich trustee offered to send her to college, because he thought she could be a good (    ). This gentleman, known only as Mr. John Smith, would pay all the (    ), and in return, Jerusha would have to write (    ) to him about her life in college.

a. letters    b. orphan

c. expenses    d. writer

**ANSWERS**

Comprehension | 1. F 2. T 3. F 4. T

Summary | b, d, c, a

# Freshman

1학년

*October 1st*

Dear Daddy-Long-Legs,

I love college! And I love you for sending me to college. I'm very happy. I have my own room. There are two other freshmen on my floor who share a room. Sallie McBride and Julia Pendleton. Sallie has red hair and is very friendly. But Julia comes from one of the richest families in New York and hasn't spoken to me yet.

Yours,
Jerusha Abbott

- □ freshman 1학년생, 신입생
- □ belong to …에 속하다, …의 것이다
- □ encyclopedia 백과사전
- □ geometry 기하학
- □ biology 생물학
- □ educated 유식한, 고등교육을 받은
- □ P.S. 추신 (postscript의 머리글자)
- □ phone book 전화번호부

1 **hear of** …에 대해 듣다
Have you heard of Michelangelo? 미켈란젤로에 대해 들어보셨어요?

2 **look A up in B** A를 B에서 찾아보다
I look things up in the encyclopedia.
저는 모르는 것들을 백과사전에서 찾아본답니다.

*October 10th*

Dear Daddy-Long-Legs,

Have you heard of Michelangelo?★ [1] Everybody laughed when I said I'd never heard of him. His name sounds like it belongs to an angel. There's so much I don't know, so I look things up in the encyclopedia. [2]

미켈란젤로는 16세기 르네상스 시대의 유명한 화가이자 조각가예요. <다윗상>과 <천지창조> 천장화로 특히 유명하죠.

Now, I'll tell you what I'm learning. Latin, French, Geometry, English and Biology. I'm being educated!

Yours,
Judy

P.S. I've changed my name. Mrs. Lippett chose my name from a phone book. I've always hated it. Please call me Judy.

□ even (비교급 앞에서) 그보다도 더
□ hand-me-down 남에게 물려받은 물건
□ how I feel 내 기분이 어떤지
□ awfully 굉장히
□ completely 완전히
□ bald 대머리인

*November 15th*

Dear Daddy-Long-Legs,

I haven't told you about my new clothes. Six dresses, all bought especially for me. I'm so grateful to you for them. They are all different and all beautiful. It's a fine thing to be educated but 1
owning six new dresses is even better. If you'd worn hand-me-downs all your life, you'd know how I feel.

Yours,
J. Abbott

P.S. I know I'm not to expect any letters, but tell me, are you awfully old? And are you completely bald or just a little bald?

1 **It is a fine thing to + 동사원형** …하는 것은 좋은 일이다
It's a fine thing to be educated.
교육을 받는 것은 좋은 일이에요.

**Mini-Lesson**

See p.108

**be동사 + to + 동사원형:** …해야 하다

be동사 다음에 「to+동사원형」을 쓰면 '…해야 하다' 라는 표현을 만들 수 있어요.
이때 not이 들어가 부정문이 되면 '…하면 안 되다' 가 된답니다.

- I know I'm not to expect any letters. (아저씨로부터 ) 어떤 편지도 기대해서는 안 된다는 걸 알아요.
- You are to return this book by next Friday. 다음주 금요일까지 이 책을 반납하셔야 합니다.

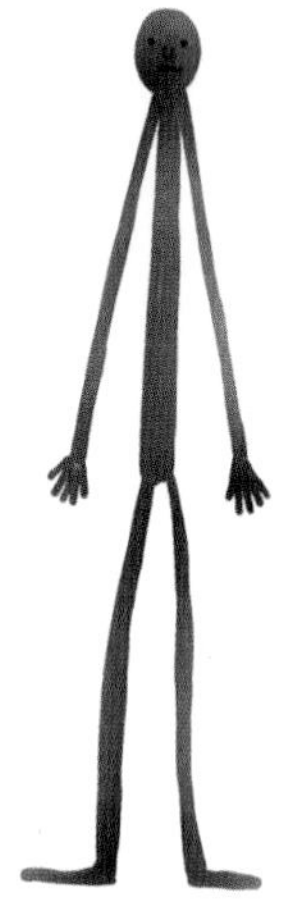

*December 19th*

Dear Daddy-Long-Legs,

You never answered my question, but this question is important. ARE YOU BALD? I can imagine what you look like, but I can't imagine your hair. Do you have any hair, Daddy?

*9:45 P.M.*

I have a new rule: Never study at night. Instead I just read books, because I've hardly read anything for eighteen years of my life. I don't know the things most girls from proper families know. For example: I never read *Jane Eyre, Alice in Wonderland* or *Little Women*. I didn't know that Henry VIII of England★ was married more than once, I'd never seen a picture of "Mona Lisa," or heard of Sherlock Holmes.

★ 잉글랜드 왕 헨리 8세는 여섯 번이나 결혼했어요. 그리고 왕비 중 두 명은 왕이 참수형시켰답니다.

 주디가 정한 새로운 규칙은 무엇인가요?

a. 밤에는 책을 읽는다.
b. 밤에는 글을 쓴다.
c. 밤에는 공부만 한다.

*Sunday*

The Christmas vacation begins next week. The girls are excited and studying is getting left out. Everyone's going home except me and another freshman, Leonora Fenton from Texas. But we are going to have a lovely vacation. We'll take long walks and if there's any ice, we'll learn to skate. And in my spare time, I'll be reading. Merry Christmas, Daddy, I hope you're as happy as I am. [1]

Yours,
Judy

- □ imagine 상상하다
- □ proper 제대로 된, 적절한
- □ get left out 관심 밖이 되다, 제외되다
- □ except …을 제외하고
- □ take a walk 산책하다
- □ spare time 남는 시간, 여가

1 **as + 형용사 + as I am** (주어도) 나처럼(만큼) …하다
I hope you're as happy as I am.
아저씨도 저처럼 행복하시면 좋겠네요.

*Toward the end of the Christmas vacation*

Dear Daddy-Long-Legs,

Is it snowing where you are? From my window,
I can see snowflakes as big as popcorns. Your five 1
gold pieces were a surprise! Thank you so much.
I'm not used to receiving Christmas presents. Do
you want to know what I bought with my money?
I bought a wrist watch so that I won't be late for
classes. I also got a thick blanket and a hot water
bottle, because my room is cold. For writing,

I bought some manuscript paper and a dictionary to improve my vocabulary. I also bought a book of poems. I hope you don't mind, but I'm pretending [2] that they were sent by my family in California: The watch is from Father, the blanket from Mother, the hot water bottle from Grandmother, the manuscript paper from my brother, the dictionary from my uncle, and the book from my aunt.

Vacation will be over in two days and I'll be glad to see Sallie again.

With love,
Judy

- □ where you are 당신이 있는 곳에
- □ snowflake 눈송이
- □ gold piece 금화
- □ wrist watch 손목시계
- □ so that …하도록
- □ hot water bottle (고무로 된 침대 안을 따뜻하게 하는) 뜨거운 물 주머니
- □ manuscript paper 원고지
- □ vocabulary 어휘(력)
- □ pretend (that) …인 척하다

1 **as + 형용사(A) + as + 명사(B)** B만큼 A한

From my window, I can see snowflakes as big as popcorns.
제 방 창문으로 팝콘만큼 큰 눈송이가 날리는 것이 보여요.

2 **I hope you don't mind, but** 괜찮으시다면

I hope you don't mind, but I'm pretending that they were sent by my family in California.
괜찮으시다면 이 선물들이 캘리포니아에 사는 제 가족이 보낸 것인 척하고 싶어요.

*The day before the examinations*

Dear Daddy-Long-Legs,

Everyone is studying hard for the examinations. I've learned fifty-seven irregular verbs in the past four days. I hope I remember them till after the examinations. Julia Pendleton came by this evening for a chat. She wanted to know about my family. I couldn't tell her because I don't know, so I made up some names. She told me her family is connected by marriage with Henry VIII.[1] I meant to write a nice long letter, but I'm very sleepy, and I'm worried about the exams.

- □ examination 시험 (= exam)
- □ irregular verb 불규칙 동사
- □ past 지난, 과거의
- □ till …까지
- □ come by 들르다
- □ for a chat (가벼운) 얘기나 나누려고
- □ make up 지어내다, 만들어내다
- □ mean to + 동사원형 …할 작정이다 (mean-meant-meant)
- □ be worried about …에 대해 걱정하다
- □ fail in …에서 낙제하다
- □ extra lesson 보충수업
- □ promise never to + 동사원형 다시는 …하지 않겠다고 약속하다

1 **be connected by marriage with**
…와 결혼관계로 맺어진 인척이다, …와 사돈관계다
She told me her family is connected by marriage with Henry VIII. 줄리아 말로는 자기 가문이 헨리 8세와 결혼관계로 맺어진 인척이래요.

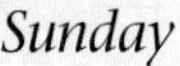

*Sunday*

Dear Daddy-Long-Legs,

I have some bad news. I failed in Mathematics and Latin. I'll have extra lessons and take another examination next month. Will you forgive me if I promise never to fail again?

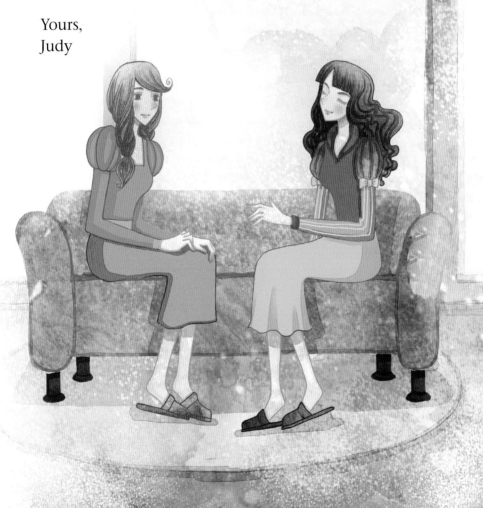

Yours,
Judy

Dear Daddy-Long-Legs,

I'm lonely tonight. I had a supper party this evening with Sallie, Julia and Leonora. We had a good time, but now I want to ask you something strange. Would you pretend you're my grandmother, just for tonight? Sallie has one, and Julia and Leonora each have two. They were all talking about their grandmothers tonight, and I wish I had one. So if you don't mind, good night, Grandma. I love you dearly.

Judy

- □ supper party 야식파티
- □ just for tonight 오늘밤만
- □ dearly 진심으로, 극진히
- □ from now on 이제부터는
- □ re-examination 재시험

1 **show no interest in** …에 전혀 관심을 보이지 않다
You show no interest in what I do.
아저씨는 제가 하는 일에 전혀 관심을 보이지 않으십니다.

**Mini-Lesson**

See p.109

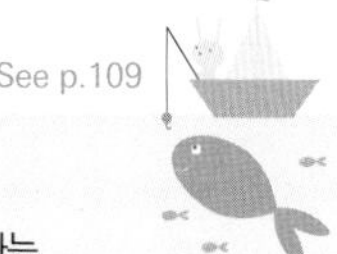

**I wish + 주어 + 과거형 동사: …이면 좋겠다**

I wish 다음에 주어가 오고 과거형 동사가 오면 현재 사실과 다른 상황을 바라는 표현이 만들어져요. 뜻은 '…이면 좋겠다'가 되지요.

- I wish I had one. 저도 (할머니가) 한 분 계시면 좋겠어요.
- I wish you would come and have tea some day.
  아저씨도 언젠가 학교에 오셔서 함께 차를 들면 참 좋겠어요.

*March 26th*

Mr. D.L.L. Smith,

You never answer any questions and you show no interest in what I do.[1] From now on, I will write only about work. I passed my re-examinations in Latin and Mathematics.

Yours,
Jerusha
Abbott

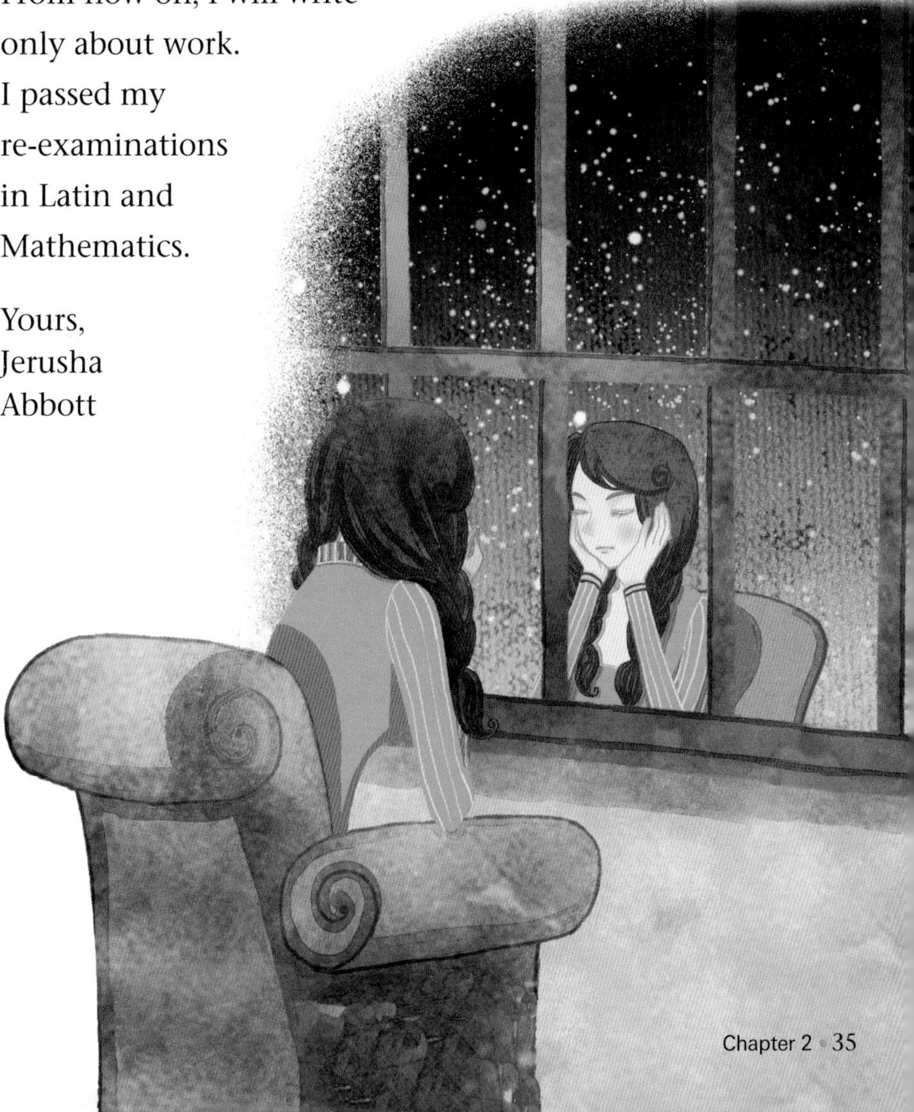

*April 2nd*

Dear Daddy-Long-Legs,

Please forget that dreadful letter I sent last week. I was feeling lonely and unhappy when I wrote it. I'm in the infirmary now with tonsillitis. I have [1] been here for six days and I am feeling very sick. I won't get well until you forgive me. Don't you feel sorry for me? [2]

With love,
Judy

*The Infirmary, April 4th*

Dear Daddy-Long-Legs,

Yesterday I received a box filled with lovely pink 3
roses, and a card from you. Thank you so much, Daddy. Your flowers are the first real, true present I ever received in my life. I was so happy that I cried. I promise never to be bad again, because now I know you're a real person.

Love,
Judy

? Judy received a _______ and pink roses from Daddy-Long-Legs.

정답 card

- □ dreadful 끔찍한
- □ infirmary 학교 내 병원, 양호실
- □ tonsillitis 편도선염
- □ get well 건강해 지다, 병에서 낫다
- □ be bad 못되게 굴다

1 **with + 병명** …에 걸린, …을 앓고 있는

I'm in the infirmary now with tonsillitis.
저는 지금 편도선염에 걸려서 학교병원에 있어요.

2 **feel sorry for** …가 불쌍하다

Don't you feel sorry for me? 제가 불쌍하지 않으신가요?

3 **filled with** …로 가득 찬

Yesterday I received a box filled with lovely pink roses.
어제 예쁜 분홍 장미로 가득 찬 상자를 받았어요.

*After chapel, Thursday*

My favorite book is *Wuthering Heights*. Emily Brontë was quite young when she wrote it, and had never known any men outside her family. How could she imagine a man like Heathcliff?[*]

[*] 히스클리프는 에밀리 브론테가 쓴 <폭풍의 언덕>의 남자주인공 이름이에요. 고아로 외롭게 큰 그는 주인집 딸과 사랑에 빠지지만 비극으로 끝나고 말죠.

I'm quite young and never went
outside the orphanage but I don't think I could do
it. Sometimes I fear that I'm not a genius. Will you 1
be very disappointed if I don't become a great writer?

Love,
Judy

*May 27th*

Dear Daddy-Long-Legs,

Mrs. Lippett wrote to ask if I have plans for the
summer vacation. If not, she said I may come back
to the orphanage and stay there until college begins
again. I HATE THE ORPHANAGE. I'd rather die than
go back there. 2

Yours,
Jerusha Abbott

*May 29th*

Dear Daddy-Long-Legs,

Thank you for arranging for me to spend the summer at a farm. I've never been on a farm before, and I am very excited. Forgive this brief letter. I'm in French class. Goodbye.
I love you very much.

Judy

□ chapel 예배
□ genius 천재
□ disappointed 실망한
□ if not 만일 …이 아니라면
□ arrange for A to + 동사원형(**B**)
A가 B하도록 조치하다
□ brief 짧은, 간략한

1 **fear that절** …할까 봐 두렵다
I fear that I'm not a genius.
제가 천재가 아닐까 봐 두려워요.

2 **would rather A than B**
B하느니 차라리 A하겠다
I'd rather die than go back there.
거기 다시 가느니 차라리 죽고 말겠어요.

□ show A around B
A에게 B를 구경시켜 주다
□ campus 교정
□ turn up 접어서〔말아서〕 올리다
□ forever 오랫동안, 쭉
□ walk all over …을 모두〔골고루〕 둘러보다
□ catch one's train 기차 시간에 맞춰 (기차역에) 도착하다
□ take up (시간을) 빼앗다〔차지하다〕
□ some day (미래의) 언젠가

1 **be mad at A for B** B했다고 A에게 화를 내다
Julia was mad at me for taking up all his time.
줄리아는 제가 삼촌의 시간을 다 빼앗았다고 제게 화를 냈어요.

*May 30th*

Dear Daddy-Long-Legs,

Today I met another Pendleton. He is Mr. Jervis Pendleton, Julia's uncle. Julia and Sallie both had classes, so Julia asked me to show him around the campus. He's tall and thin and he has a funny smile that turns up the corners of his mouth. I felt as if I'd known him forever. We walked all over the campus and had tea and ice cream and cake* at the college café.

ice cream and cake는 아이스크림 따로 케이크 따로가 아니라 아이스크림을 넣은 케이크를 말해요.

But then he had to run to catch his train. Julia was mad at me for taking up all his time. 1

This morning three boxes of chocolates came from him for Julia and Sallie and me. Isn't that wonderful? I wish you'd come and have tea some day.

Yours,
Judy

**Mini-Lesson**

**as if + 주어 + 과거형 동사:** 마치 …인 것처럼
**as if + 주어 + had + p.p.:** 마치 …였던 것처럼

- She scolded us as if we were ten years old.
  그녀가 우리를 마치 열살 짜리 나무라듯 혼냈어요.
- I felt as if I'd(= I had) known him forever. 마치 그분을 오랫동안 알고 지냈던 것처럼 느껴졌어요.

*June 9th*

Dear Daddy-Long-Legs,

I've just finished my last examination and now I'll have three months on a farm! I've never been on a farm in my life, but I'm going to love it.

Yours,
Judy

- □ at least 적어도
- □ owner (집) 주인
- □ both 둘 다
- □ huge (식사가) 성대한
- □ square 네모난, 각진
- □ rise (아침에) 일어나다

1 **spend + 시간(A) + ...ing(B)** B하면서 A를 보내다
I'm going to spend the summer sitting there and writing a novel.
거기 앉아 소설을 쓰면서 여름을 보낼 생각이에요.

*Lock Willow Farm, Saturday night*

Dear Daddy-Long-Legs,

I've just arrived at the farm. The house is at least a hundred years old.

The owners are Mr. and Mrs. Semple. I like them both. We had a huge supper, and all the food came from the farm!

My room has a big square table in it. I'm going to spend the summer sitting there and writing a novel.[1]

It's 8:30 now, and I am going to sleep. We rise at 5.

Good night,
Judy

*Lock Willow Farm, July 12th*

Dear Daddy-Long-Legs,

Mrs. Semple told me that Mr. Jervis Pendleton
used to own this farm! She was his nurse, and he 1
gave the farm to her. She calls him "Master Jervie"
and says he was a sweet little boy.

*Sunday*

I started this letter to you yesterday, then I went
to pick some blackberries. When I came back, a real
Daddy-Long-Legs was sitting on this letter! I gently
picked him up and put him outside. I wouldn't 2
hurt one because they always remind me of you.
When I finish this letter I'm going to read a book
I found in the attic. The name "Jervis Pendleton"
is written on its first page in a little boy's hand.

Yours,
Judy

- □ nurse 유모
- □ master (호칭) 도련님
- □ blackberry 나무딸기
- □ remind A of B A에게 B가 생각나게 하다
- □ attic 다락
- □ in a little boy's hand 어린이의 글씨로
- □ gain + 무게단위 체중이 …만큼 늘어나다
- □ pound (무게) 파운드 (약 450그램)
- □ recommend A as B A를 B로 추천하다
- □ health resort 요양지, 보양지

*September 15th*

Dear Daddy,

I've gained nine pounds! I recommend Lock Willow as a health resort.

Yours,
Judy

1 **used to + 동사원형** 전에 …한 상태였다(지금은 아니다)
Mr. Jervis Pendleton used to own this farm!
이 농장의 예전 주인이 저비스 펜들턴 씨였대요!

2 **would not** …하지 않을 것이다
I wouldn't hurt one because they always remind me of you.
거미는 아저씨를 생각나게 하는 존재이므로 한 마리라도 다치게 하지 않을 거예요.

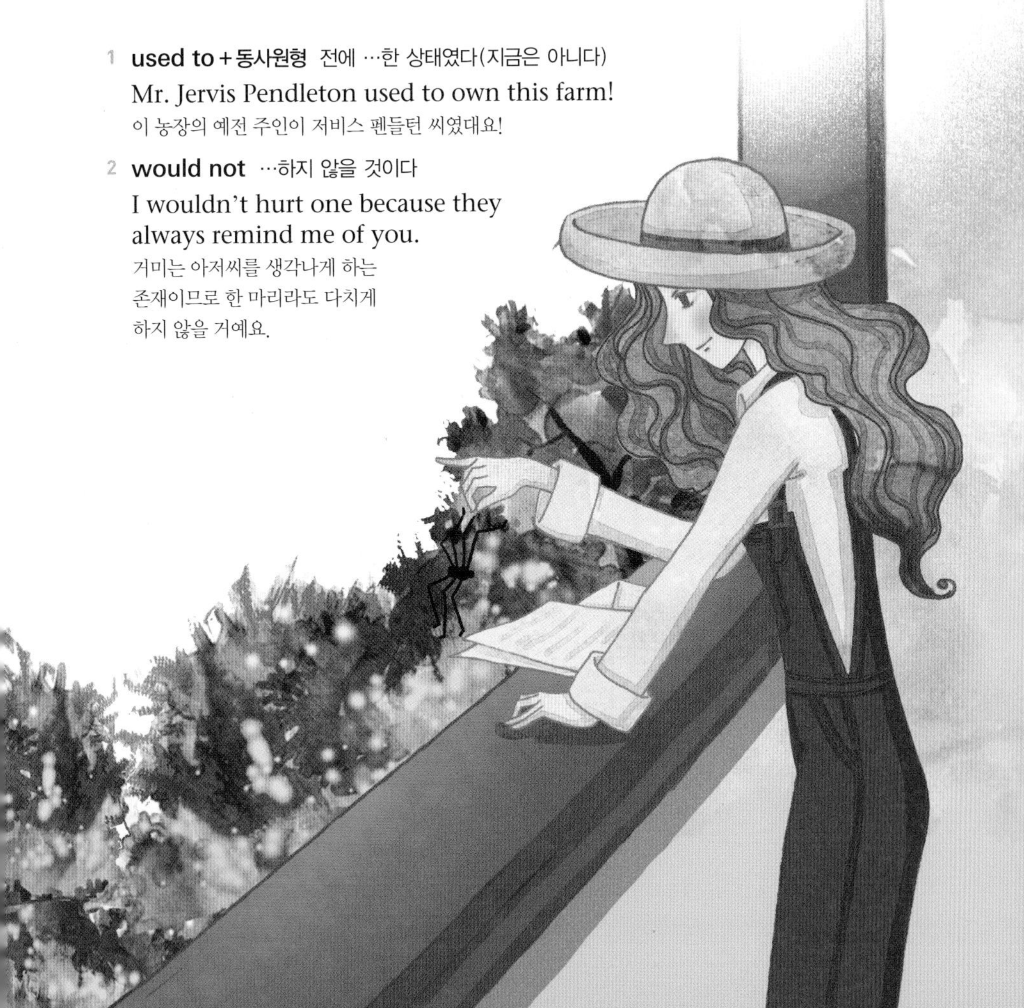

# Check-up Time!

**● WORDS**

단어와 단어의 뜻을 서로 연결하세요.

1 encyclopedia •  • a. a place in a school for the care of the sick or injured

2 vocabulary •  • b. a religious service held in a church or churchlike place

3 infirmary •  • c. a book or set of books having articles about various things

4 chapel •  • d. the words used by or known to a particular people or a person

**● STRUCTURE**

빈 칸에 알맞은 전치사를 보기에서 골라 써 넣으세요.

| around | of | in | with |
|---|---|---|---|

1 I said I'd never heard ________ him.

2 You show no interest ________ what I do.

3 Yesterday I received a box filled ________ pink roses.

4 Julia asked me to show him ________ the campus.

**ANSWERS**

**Words** | 1. c 2. d 3. a 4. b
**Structure** | 1. of 2. in 3. with 4. around

## ● COMPREHENSION

다음은 누구에 관한 설명일까요? 번호를 적어 넣으세요.

a. 

Judy

b. 

Sallie

c. 

Julia

1 She has red hair and is very friendly. ____

2 She comes from a very rich family in New York. ____

3 She fears that she might not be a genius at writing. ____

## ● SUMMARY

빈 칸에 맞는 말을 골라 이야기를 완성하세요.

> Jerusha went to college and started to write to Daddy-Long-Legs, a (    ) she picked for her trustee. She also decided to call herself Judy, instead of Jerusha. Judy made friends with (    ) and Julia, and also met Julia's young uncle Master Jervie. For the summer vacation, Daddy-Long-Legs arranged for Judy to stay on a (    ), which once belonged to (    ).

a. Master Jervie b. nickname c. Sallie d. farm

**ANSWERS**

Comprehension | 1. b 2. c 3. a Summary | b, c, d, a

# Sophomore

2학년

*September 25th*

Dear Daddy-Long-Legs,

I'm a sophomore! I was sorry to leave Lock [1] Willow, but glad to see the campus again. I'm rooming with Sallie and Julia this year. We have a study and three little bedrooms. Jerusha Abbott from the orphanage is rooming with a Pendleton! This IS a democratic country.

Sallie is running for class president, and I'm sure she will be elected. [2]

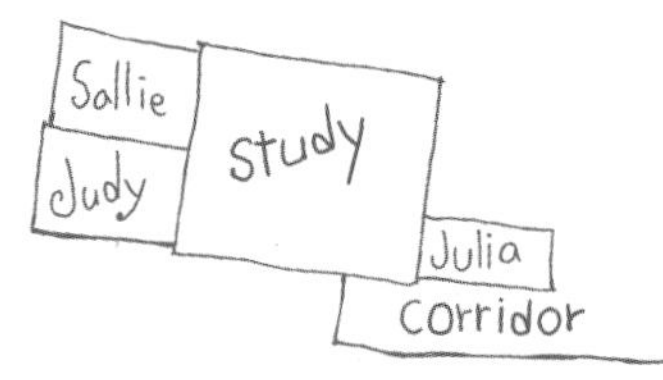


Yours in politics,
J. Abbott

- □ sophomore 2학년
- □ room with …와 방을 함께 쓰다
- □ study 서재, 공부방
- □ democratic 민주주의의
- □ run for …에 입후보하다
- □ class president 학생회장
- □ be elected (선거로) 뽑히다, 선출되다
- □ in politics 정치활동 중인
- □ election 선거
- □ parade 행진
- □ placard 플래카드
- □ corridor 복도

1 **be sorry to + 동사원형** …하기가 섭섭하다(유감이다)
I was sorry to leave Lock Willow. 록 윌로우를 떠나기가 섭섭했어요.

*October 17th*

Dear Daddy-Long-Legs,

Did I tell you about the election? It happened three weeks ago. Sallie was elected, and we had a parade with placards saying, "McBride Forever." Room 258 is a very important place, and it makes Julia and me important people too!

Good night, dear Daddy.

Love,
Judy

2 **be sure + 주어 + 동사** …가 ~하는 것을 확신하다
I'm sure she will be elected. 전 샐리가 뽑힐 걸로 확신해요.

*November 12th*

Dear Daddy-Long-Legs,

Sallie has invited me to spend the Christmas vacation with her. The McBrides have three children, a grandmother, and a cat. It's a perfectly complete family!

Yours,
Judy

- □ Mass. 미국 매사추세츠 (Massachusetts)주의 줄임말
- □ check 수표
- □ dance 무도회, 댄스파티
- □ evening gown 야회복
- □ good-looking 잘생긴
- □ junior (4년제 대학의) 3학년생
- □ back at …로 돌아와 있는
- □ seem to + 동사원형 (겉보기에) …하는 것 같다

*Stone Gate, Worcester, Mass., December 31st*

Dear Daddy-Long-Legs,

Thank you so much for the check you sent me for Christmas. I'm enjoying my vacation at Sallie's. I never dreamed families could be so nice. They gave a dance for me. I wore a new white evening gown that I bought with your check. And I danced with Sallie's good-looking older brother, Jimmy, who is a junior at Princeton.

Yours,
Judy

*6:30, Saturday*

Dear Daddy,

Back at college. Julia's uncle came today and had tea with us. I told him that I spent last summer at Lock Willow. He remembered everything about the farm. And I called him "Master Jervie" and he didn't seem to mind.

Yours,
Judy

*January 20th*

Dear Daddy-Long-Legs,

Do you know that I once ran away from the orphanage? They hit me when I took some biscuits from the kitchen and they told the other children 1
I was a thief. How could I not run away? I only ran four miles,★ and then they caught me and brought me back to the orphanage. For the next week I was tied to a pole, whenever we were outside.

★ 4마일은 약 6.4킬로미터예요.

There's the bell! I must go! I will write a more cheerful letter next time.

*February 4th*

Dear Daddy-Long-Legs,

Jimmy McBride sent me a Princeton banner. It's as big as one wall of the room. I haven't told you lately what I'm learning, but I do spend most of ☀ my time studying. Exams are next week, but I'm not afraid.

Yours ever,
Judy

- □ run away from …로부터 달아나다
- □ thief 도둑
- □ mile (거리단위) 마일 (1마일은 약 1.6킬로미터)
- □ bring A back to B A를 다시 B로 데리고 오다
- □ be tied to …에 묶여 있다
- □ pole 장대
- □ cheerful 명랑한
- □ banner 깃발
- □ afraid 두려운, 겁이 나는

1 **take A from B** B에서 A를 가져가다 〔훔치다〕
I took some biscuits from the kitchen.
저는 부엌에서 과자를 훔쳤어요.

**Mini-Lesson**

**강조의 do: 사실상, 정말로**

문장에서 동사를 강조할 때 「do+동사원형」의 형태를 써요. 이때 do는 원래 동사의 시제와 인칭에 일치시켜야 해요. 뜻은 '사실상, 정말로' 등으로 해석되지요.

- I do spend most of my time studying. 사실상 시간의 대부분을 공부하는 데 쓰고 있어요.
- She did pass the exam. 그녀는 정말로 그 시험에 합격했다.

*March 5th*

Dear Daddy-Long-Legs,

Have you read *Hamlet*? Isn't Shakespeare a great writer! Ever since I learned to read, I've gone to sleep pretending to be a character in a book. Today [1] I'm Ophelia*, but I'm sensible and I make Hamlet happy! We rule Denmark together. He makes the laws and I'm setting up some excellent orphanages.

* 오필리어는 셰익스피어 희곡 <햄릿>에서 왕자 햄릿의 약혼녀예요. 미친 척하는 햄릿의 모습에 괴로워하다 본인이 오히려 정신이상을 일으켜 자살하고 말아요.

Oh, and I passed all my exams.

Yours,
Ophelia,
Queen of Denmark

- □ ever since …한 이래로 쭉
- □ pretend to be …인 척하다
- □ character (책 속의) 인물
- □ sensible 합리적인, 분별 있는
- □ make + 목적어(A) + 형용사(B) A를 B하게 만들다
- □ rule 통치하다
- □ set up 설립하다
- □ annual 해마다 열리는
- □ short story 단편소설
- □ after all 결국은
- □ do shopping 쇼핑하다

1 **동사(A) + ...ing(B)** (동시 상황) B하면서 A하다
I've gone to sleep pretending to be a character in a book.
저는 줄곧 책 속의 인물이 된 상상을 하며 잠이 들었어요.

*March 24th, maybe the 25th*

Dear Daddy-Long-Legs,

I won the school's annual short story contest, and a twenty-five dollar prize! So maybe I'm going to be a writer after all. Julia and Sallie and I are going to New York next Friday to do some shopping. We will go to the theater the next day with "Master Jervie" to see *Hamlet.* I'm so excited.

Yours,
Judy

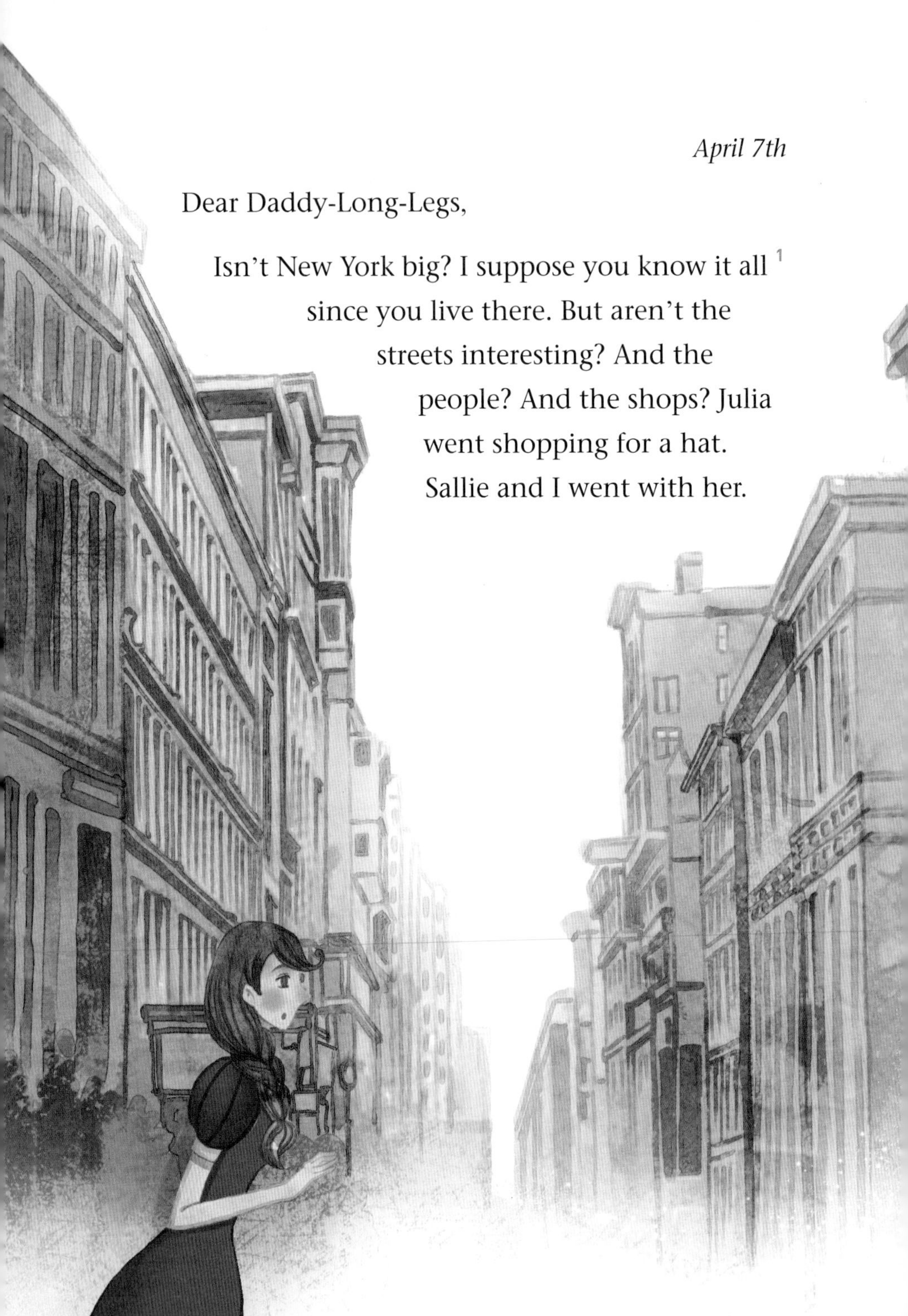

*April 7th*

Dear Daddy-Long-Legs,

Isn't New York big? I suppose you know it all [1] since you live there. But aren't the streets interesting? And the people? And the shops? Julia went shopping for a hat. Sallie and I went with her.

How wonderful to buy any hat you want without caring about the price! Then we met Master Jervie and had lunch in a wonderful restaurant before we went to the theater. *Hamlet* is so much better on the stage than in class. I think I'd rather be an actress than a writer. Would you mind? Master Jervie gave us each a gorgeous bunch of flowers. He's so sweet. I never cared much for men, but I'm changing my mind.

Yours,
Judy

- □ since …이므로, …이기 때문에
- □ go shopping for …을 사러 나가다
- □ care about …에 대해 걱정하다
- □ so much (비교급 앞에서) 훨씬
- □ gorgeous 근사한, 멋진, 화려한, 호화로운
- □ bunch of … 묶음(다발)
- □ care for …을 좋아하다
- □ change one's mind 마음(생각)을 바꾸다

1 **suppose + (that)절** …라고 생각하다(추측하다)
I suppose you know it all since you live there.
아저씨는 거기 사시니까 잘 아실 거라 생각해요.

**Mini-Lesson**

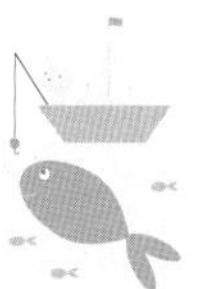

**How + 형용사(A) + (it is) + to + 동사원형(B):** B하는 것은 정말 A하다

- How wonderful (it is) to buy any hat you want without caring about the price! 가격은 전혀 걱정하지 않고 원하는 모자를 산다는 것은 정말 멋져요!
- How wise it is to choose this job! 이 일을 선택하다니 정말 현명한 일이에요!

*April 10th*

Dear Mr. Rich Man,

Here's your check for fifty dollars. Thank you 1
very much, but I can't keep it. My pocket money
is enough to afford all the hats I need. I was not 2
begging!

Jerusha Abbott

□ keep (받아서) 간직하다
□ afford …을 살 (금전적) 여유가 있다
□ beg 구걸하다
□ seem + 형용사 …하게 보이다
□ ungrateful 은혜를 모르는
□ live on …의 도움을 받아 살다
□ charity 자선
□ accept (주는 대로) 받다, 허용하다, 받아들이다
□ pay ... back …을 되갚다

*April 11th*

Dear Daddy,

Will you please forgive me for the letter I wrote you yesterday? I'm sorry if I seem ungrateful, but I had to return your check. Other girls have a family that gives them things, but I live on your charity. I can't accept any more than I need, because someday I want to pay it back. I thank you always for this new life that you have given me.

I love you,
Judy

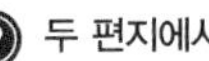
두 편지에서 주디의 감정변화로 옳은 것은?

a. 불쾌함 → 후회
b. 뿌듯함 → 슬픔
c. 초조함 → 안심

1 **Here is ...** (물건 등을 건네며) 여기 …을 드립니다
Here's your cheek for fifty dollars. 여기 50달러 수표를 (다시) 드립니다.

2 **enough to + 동사원형** …하기에 충분한
My pocket money is enough to afford all the hats I need.
매달 주시는 용돈으로도 필요한 모자를 사기에 충분합니다.

*May 4th*

Dear Daddy-Long-Legs,

Last Saturday was our sports
day. First we had a parade
of all the classes. Julia
Pendleton was dressed
up as a fat country 1
farmer. She acted very
well and everyone
laughed. Sallie and I weren't
in the parade because we were competing in the
events. Sallie won the pole-vaulting and I won the
fifty-yard sprint! Last night I stayed up late reading 2
*Jane Eyre*. Jane's troubles in the orphanage made me
so angry! I understood exactly how she felt.

I think that having an imagination is very
important. It makes people kind and sympathetic.
We should encourage children to have an 3
imagination. But orphanages don't do that.

Love,
Judy

□ sports day 체육대회날
□ compete in the events
경기에 참여하다
□ pole-vaulting 장대높이뛰기
□ yard (거리 단위) 야드
(1야드는 약 90센티미터)
□ sprint 단거리 달리기
□ troubles 고생
□ exactly 정확히
□ imagination 상상력
□ sympathetic 인정 있는

1 **be dressed up as** …로 변장하다, …처럼 차려입다
Julia Pendleton was dressed up as a fat country farmer.
줄리아 펜들턴이 뚱뚱한 시골 농부로 변장했어요.

2 **stay up late ...ing** …하면서 늦게까지 자지 않다
Last night I stayed up late reading *Jane Eyre*.
어젯밤에는 늦게까지 자지 않고 '제인 에어'를 읽었어요.

3 **encourage A to B** A가 B하도록 이끌어 주다(용기를 북돋아 주다)
We should encourage children to have an imagination.
우리는 아이들이 상상력을 가질 수 있도록 이끌어 주어야 해요.

*June 2nd*

Dear Daddy-Long-Legs,

You will never guess what has happened. The McBrides have asked me to spend the summer at their camp in the mountains! I'm so excited.

Yours,
Judy

*June 5th*

Dear Daddy-Long-Legs,

Your secretary has written to tell me you wish me to return to Lock Willow this summer. Why? Mrs. McBride wants me to be company for Sallie. We plan to do a lot of reading together. And I can learn so much from Sallie's mother. And Jimmy McBride is going to teach me how to ride a horse and paddle a canoe. Please let me go. I've never wanted anything so much.

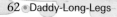

Love,
Judy

*June 9th*

Mr. John Smith,

I received the letter your secretary wrote. As instructed, I will spend the summer at Lock Willow Farm.

Sincerely,
Jerusha Abbott

- □ guess 어림짐작하다, 추측하다
- □ camp (자연 속의) 휴식장소, 캠프장
- □ wish A to B A가 B하기를 바라다
- □ be company for …와 함께 지내다
- □ do reading 독서를 하다
- □ how to + 동사원형 …하는 법
- □ paddle (…의) 노를 젓다
- □ let + 목적어(A) + 동사원형(B) A가 B하도록 해주다〔내버려두다〕
- □ as instructed 지시 받은 대로

*Lock Willow Farm, August 3rd*

Dear Daddy-Long-Legs,

It's been nearly two months since I wrote. It is not nice of me, but I have not felt much love for you this summer! I was really, really disappointed that I was not going to the McBrides' camp. But I decided to forgive you. I've been writing a lot this summer. Four short stories are finished and sent to four different magazines. So you see I'm trying to be a writer.

*Friday*

Here is some news! What do you think? Mr. Pendleton is coming to Lock Willow. Maybe he'll stay one week, or maybe two, or maybe three!

*Saturday*

Master Jervie hasn't come yet. I hope he comes soon. I am longing for someone to talk to. [1]

Yours always,
Judy

- □ nearly 거의
- □ magazine 잡지사, 잡지
- □ be coming 올 예정이다
- □ yet (부정문에서) 아직

1 **long for** …을 간절히 바라다

I am longing for someone to talk to.

저는 대화 상대를 간절히 바라고 있어요.

### Mini-Lesson

**It is + 형용사 + of + 목적어(A) + to + 동사원형(B):**
A가 B한 것은 …한 일이다

'A가 B하다니 …하다' 라고 말하고 싶을 때는 「It is + 형용사 + of + 목적어(A) + to + 동사원형(B)」을 쓰세요. 이때 형용사는 주로 A의 성격이나 감정을 나타내는 경우가 많답니다.

- It is not nice of me (not to write). (편지를 쓰지 않은 건) 제가 잘못한 일이에요.
- It was wise of you to refuse his offer. 네가 그의 청을 거절한 건 현명한 일이었다.

*August 25th*

Well, Daddy, Master Jervie's here and we're having a good time. He's good company and very sweet and kind. We've explored the country for miles, and I've learned to fish and ride a horse. We climbed Sky Hill Monday afternoon. It's not very high but I was breathless when I reached the top.

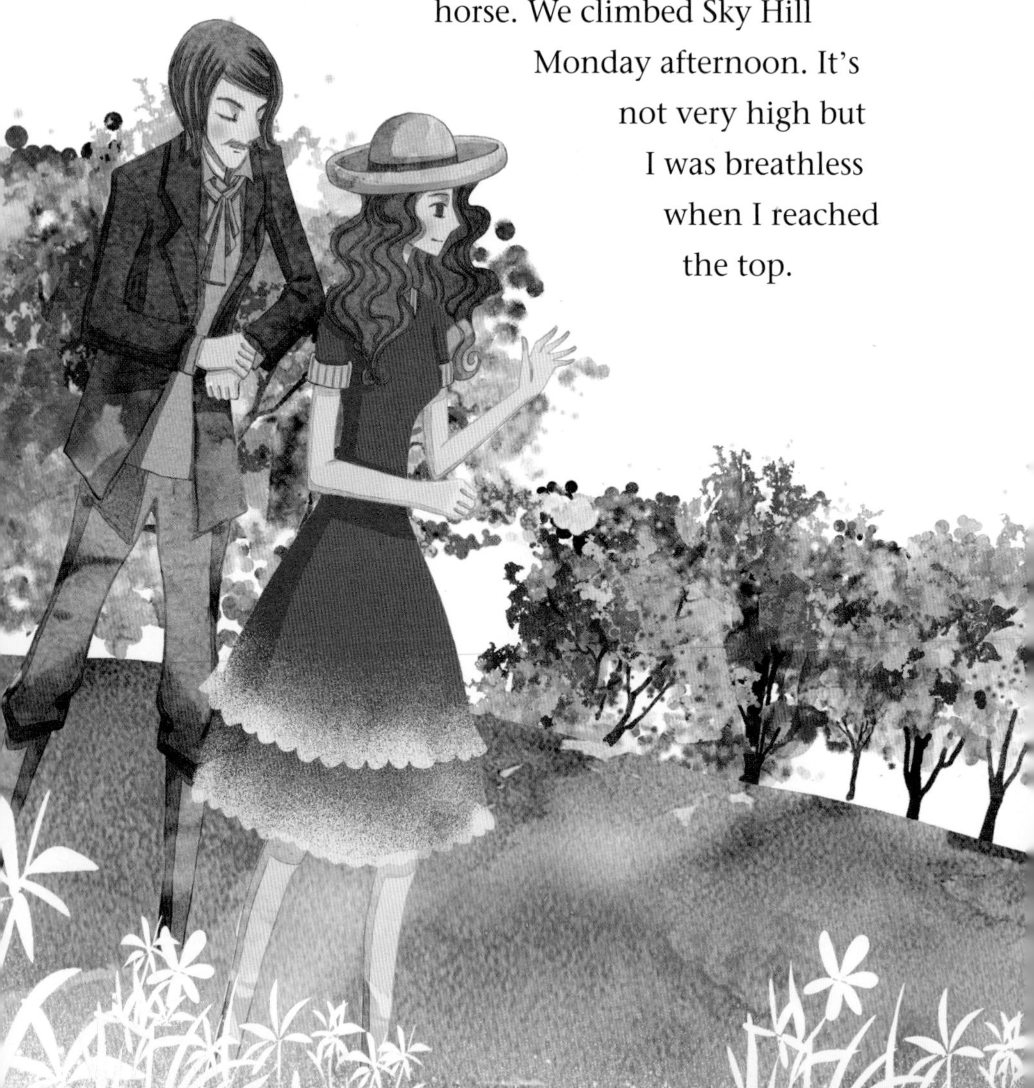

We stayed there for the sunset and built a fire. Master Jervie cooked supper, because he's used to camping. It was such fun! We went for another [1] long walk this morning and got caught in a storm. [2] We got very wet but we didn't care. [3]

Affectionately,
Judy

□ company 말 동무, 함께 있는 상대
□ explore (지역 등을) 돌아다니다, 탐험하다
□ country (시골의) 근방, 주변
□ for miles 몇 마일씩이나
□ breathless 숨이 가쁜
□ sunset 일몰
□ build a fire 불을 피우다
□ camp 캠핑하다, 야영하다
□ go for a walk 산책을 나가다
□ do not care 신경 쓰지 않다
□ affectionately (편지 맺음말) 애정을 담아서

1 **such + 명사** 정말 …한
It was such fun! 정말 즐거웠어요!

2 **get caught in** (예기치 않게 비 등을) 만나다
We got caught in a storm. 우리가 폭풍우를 만났지 뭐예요.

3 **get wet** (몸이 비 등에) 젖다
We got very wet but we didn't care.
우리는 흘딱 젖었지만 신경 쓰지 않았어요.

*September 10th*

Dear Daddy,

He has gone and we miss him terribly!

The short stories I wrote this summer and sent to magazines all came back. But I don't mind. It's good practice. I showed them to Master Jervie, and he said they were awful, except one. So I rewrote that story and sent it to a magazine again. They've had it two weeks. Maybe they're thinking it over. [1]

- □ terribly 몹시
- □ practice (경험 삼아 한) 연습, 훈련
- □ awful 끔찍한
- □ be accepted 채택되다
- □ in payment 보수로, 대가로
- □ win a scholarship 장학금을 받다
- □ board 기숙사 비용, 하숙비
- □ tuition 수업료, 교육비
- □ grades 성적
- □ burden 부담, 짐

? 주디는 어떻게 50달러가 생겼나요?

a. It was a prize from school.
b. She sold her story.
c. Master Jervie gave her.

*Thursday*

What do you think? My story is accepted and I have a $50 check in payment. I'm a writer! And there's a letter from the college. I've won a scholarship for two years that will cover board [2] and tuition. It's for my excellent grades in English. I'm so glad, because now I won't be such a burden to you. College starts in two weeks.

Yours ever,
Judy

1 **think ... over** …에 대해 숙고하다(잘 생각해 보다)
Maybe they're thinking it over.
어쩌면 그들이 그것에 대해 생각해 보고 있을지도 몰라요.

2 **cover** …에 해당하다
I've won a scholarship for two years that will cover board and tuition. 제가 앞으로 2년 동안 기숙사비와 학비에 해당하는 장학금을 받게 되었어요.

● **WORDS**

빈 칸에 알맞은 단어를 보기에서 골라 써 넣으세요.

| short story | banner | evening gown | character |
|---|---|---|---|

1 I wore a white ________ that I bought with your check.

2 The ________ is as big as one wall of the room.

3 I've gone to sleep pretending to be a ________ in a book.

4 I won the school's annual ________ contest!

● **STRUCTURE**

밑줄 친 단어의 쓰임이 보기와 같은 문장을 고르세요.

1 I do spend most of my time studying.
a. You must do what you want.
b. I do love you.

2 I suppose you know the weather since you live there.
a. Let's be quiet since he's studying.
b. He's been here since you left.

**ANSWERS**

**Words** | 1. evening gown 2. banner 3. character 4. short story
**Structure** | 1. b 2. a

● **COMPREHENSION**

본문 내용을 생각하며 문장의 앞부분과 뒷부분을 연결하세요.

| | |
|---|---|
| **1** Judy danced with Jimmy, • | • a. to be company for Sallie. |
| **2** Mrs. McBride invited Judy • | • b. because he's used to camping. |
| **3** Master Jervie cooked supper • | • c. who is a junior at Princeton. |

● **SUMMARY**

빈 칸에 맞는 말을 골라 이야기를 완성하세요.

Judy became a sophomore, and she roomed with Sallie and ( ). Judy was invited to Sallie's for Christmas and got to know her brother, ( ). But when she was invited again to spend the summer vacation with Sallie's family, ( ) made her go back to the farm instead. She was very disappointed, but ( ) visited the farm and she had a wonderful time with him.

a. Master Jervie b. Daddy-Long-Legs
c. Julia d. Jimmy

**ANSWERS**

Comprehension | 1. c 2. a 3. b Summary | c, d, b, a

# Junior

3학년

*September 26th*

Dear Daddy-Long-Legs,

I'm back at college and I'm a junior. Daddy, your secretary's letter was waiting for me. Why don't you want me to accept the scholarship? I don't understand. I thought you'd be proud. And with the scholarship, I won't be so in debt to you. That's important to me. Please try to understand.

Affectionately,
Judy

- □ proud 자랑스러운
- □ in debt to …에게 빚을 진(신세를 지는)
- □ stubborn 고집이 센
- □ unreasonable 불합리한
- □ prefer (선택상황에서 …을 더) 원하다
- □ favor 호의
- □ earn ... by hard work 열심히 공부(일)해서 …을 얻다(벌다)
- □ give ... up …을 포기하다
- □ save (돈을) 아끼다, 절약하다

**Mini-Lesson**

See p.110

**중복되는 것은 생략하세요!**

영어에서는 앞에 나온 동사나 명사가 중복되는 것을 피하려는 경향이 있어요. 없어도 의미 파악이 가능할 땐 과감히 생략하세요. 다음 예문에서 괄호 안이 중복을 피하려 생략된 단어들이에요.

- Please don't like her better than (you like) me. 그 애를 저보다 더 예뻐하지는 말아 주세요.
- He has been to London once, and she (has been to London) twice.
  그는 런던에 한 번 가봤고, 그녀는 두 번 가봤다.

*September 30th*

Dear Daddy,

You are stubborn and unreasonable. You prefer
that I don't accept favors from strangers? And what
are you? I don't know anything about you. The
scholarship isn't a favor. I earned it by hard work.
I refuse to give it up. Perhaps you could spend 1
the money you save on educating another girl. 2
But please don't like her better than me.☀

Yours,
Jerusha Abbott

1 **refuse to + 동사원형** …하기를 거부하다
I refuse to give it up.
저는 장학금을 포기하기를 거부합니다.

2 **spend A on B** A를 B에 쓰다
Perhaps you could spend the money you save on educating another girl.
절약되는 돈을 다른 여자아이를 교육하는 데 쓰셔도 되잖아요.

*November 9th*

Dear Daddy-Long-Legs,

Julia has invited me to her home for the Christmas vacation. I'm a bit nervous about meeting the Pendleton family, and I'll need a lot of new clothes. So if you would prefer me to remain at college, I'll happily obey you.

Yours,
Judy

*December 7th*

Dear Daddy-Long-Legs,

Your silence must mean I may visit Julia's home. Thank you. I invited Jimmy to the Founder's Dance last week. Sallie invited his roommate and Julia invited a man from New York. We had great fun. Jimmy and his roommate invited us to their dance at Princeton next spring. We've accepted, so please don't object. Julia, Sallie and I all had new dresses for the dance. Mine was pale pink silk trimmed with cream lace. And may I tell you a secret? I'm pretty. Really.

Yours,
Judy

다음 중 본문 내용과 일치하는 것은?

a. 주디는 지미의 방을 방문했다.
b. 주디는 지미의 룸메이트를 만났다.
c. 주디는 지미의 초대에 응하지 않았다.

정답 b

- □ nervous about …때문에 긴장한
- □ happily 기꺼이
- □ the Founder's Dance 창립자 탄생 기념 무도회
- □ roommate 룸메이트 (방을 같이 쓰는 친구)
- □ have fun 즐거운 시간을 보내다
- □ object 반대하다
- □ pale (색이) 연한
- □ trimmed with …로 장식된

*December 20th*

Dear Daddy-Long-Legs,

Thank you for the Christmas presents. I love the necklace and the scarf and the gloves and the handkerchiefs and the books. And most of all [1] I love you! Be happy and have a merry Christmas.

Yours always,
Judy

- □ scarf 목도리, 스카프
- □ handkerchief 손수건
- □ amazing 멋진, 놀라운
- □ think of …에 대한 생각을 하다, …을 떠올리다
- □ anything but (부정문에서) …이외에는 아무것도
- □ social life 사교생활
- □ relative 친척
- □ odd 이상한, 별난

*January 11th*

I had an amazing time in New York. But I'm glad I am not a Pendleton! The Pendletons are beautifully dressed and the house is gorgeous. But I never heard one word of real talk from the time we arrived until we left. Mrs. Pendleton never thinks of anything but her social life. She seems a different sort of mother from Mrs. McBride! If I ever marry and [2] have a family, it's going to be just like the McBrides.

I only saw Master Jervie once and I couldn't speak to him alone. It was disappointing. I don't think he likes his relatives very much, and they think he's odd because he spends his money on charities.

Yours ever,
Judy

1 **most of all** 무엇보다도
And most of all I love you!
무엇보다도 아저씨가 맘에 들어요!

2 **a different sort of A from B** B와는 다른 종류(유형)의 A
She seems a different sort of mother from Mrs. McBride!
펜들턴 부인은 맥브라이드 부인과는 다른 종류의 어머니인 것 같아요!

*February 11th*

Dear D.L.L.,

I'm sorry this is so short. I'm going to
write as soon as the exams are over. I need 1
to pass and I need to pass WELL to show
I deserve my scholarship.

Yours,
J. A.

*March 5th*

Dear Daddy-Long-Legs,

Our president made a speech this evening. He
says that we should be more respectful to our
elders. Am I too casual, Daddy? Should I show you
more respect? Yes, I'm sure I should, so I'll begin
again. My dear Mr. Smith, you will be pleased to
hear that I passed my mid-term exams. I attend 2
gymnasium regularly and am learning to swim.
The weather is perfect. My friends and I enjoy our
walks to classes. I hope you are in good health.

Respectfully yours,
Jerusha Abbott

- □ deserve …을 받을 만하다
- □ president (대학) 총장
- □ respectful to …에게 존경심을 보이는
- □ one's elders 연장자들, 선배들
- □ casual 조심성 없는, 부주의한
- □ show ... respect …에게 존경을 표하다
- □ mid-term 학기 중간의
- □ attend …에 참석하다[다니다]
- □ regularly 꼬박꼬박, 규칙적으로
- □ in good health 건강한, 건강하게

1 **as soon as** …하자마자

I'm going to write as soon as the exams are over.
시험이 끝나자마자 (다시) 편지 드릴게요.

2 **be pleased to + 동사원형** …해서 기쁘다

You will be pleased to hear that I passed my mid-term exams.
제가 중간고사를 통과했다는 소식을 듣고 기뻐하시리라 생각합니다.

*April 24th*

Dear Daddy,

This weekend, Sallie, Julia and I went to Princeton College for a dance and to watch a football game. Mrs. McBride accompanied us. It was great fun. But I won't give you all the details. They are too many and complicated.

Affectionately,
Judy

*May 15th*

Dear Daddy-Long-Legs,

I'm learning to swim. There is a rope attached to a ring in the back of my belt. Then it goes through a pulley in the ceiling. It is to stop me from drowning,[1] but I'm still afraid.

You are not the only man I write to. Could you believe that? Master Jervie writes from New York, and Jimmy writes from Princeton.

*June 4th*

Dear Daddy,

I'm very busy with exams and packing for the[2] vacation. Julia is going abroad for the summer and Sallie is going to the mountains. I'm going to spend the summer tutoring two young girls. But from the first of September I'll be at Lock Willow.

Love,
Judy

 주디가 하지 않은 것은?

a. Learning to swim.
b. Studying for exams.
c. Teaching young girls. 

- □ accompany …와 동행하다
- □ give ... all the details …에게 속속들이 말하다
- □ complicated 복잡한
- □ attached to …에 연결된
- □ pulley 도르래
- □ drown 익사하다, 물에 빠지다
- □ pack 짐을 꾸리다
- □ go abroad 해외로 나가다
- □ tutor …의 가정교사를 하다

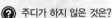

1 **stop + 목적어(A) + from + ...ing(B)** A가 B하는 것을 막다
It is to stop me from drowning. 그건 제가 익사하는 것을 막기 위한 거예요.

2 **busy with + 명사 …로 바쁜 / busy ...ing** …하느라 바쁜
I'm very busy with exams and packing for the vacation.
저는 시험 때문에, 그리고 방학을 떠날 짐을 꾸리느라 아주 바빠요.

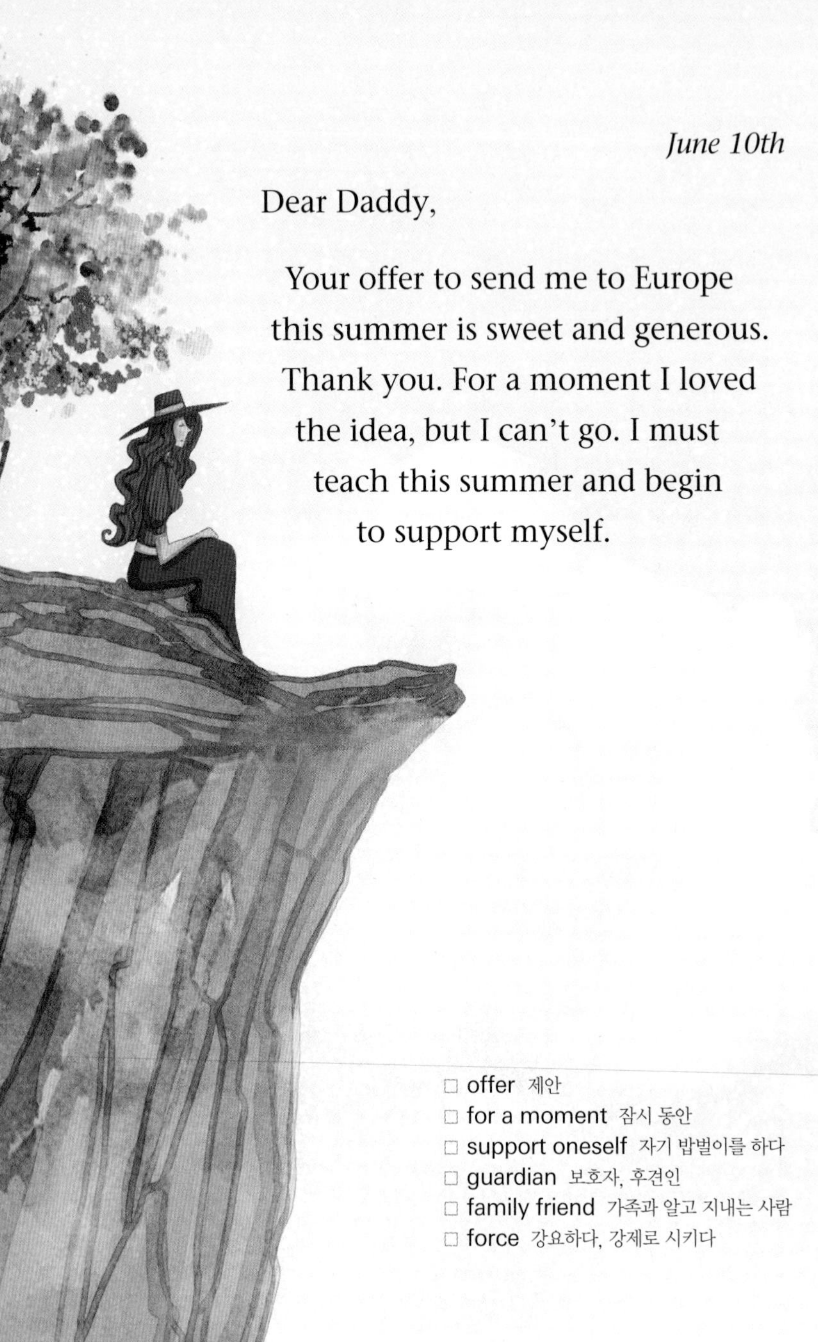

*June 10th*

Dear Daddy,

Your offer to send me to Europe this summer is sweet and generous. Thank you. For a moment I loved the idea, but I can't go. I must teach this summer and begin to support myself.

□ offer 제안
□ for a moment 잠시 동안
□ support oneself 자기 밥벌이를 하다
□ guardian 보호자, 후견인
□ family friend 가족과 알고 지내는 사람
□ force 강요하다, 강제로 시키다

*Magnolia, June 14th*

What do you think happened? I got a letter from Master Jervie. He insisted I should go to Europe.[1] He thinks you are my guardian and an old family friend. He wrote that I was foolish and stubborn to refuse such an offer. If he hadn't tried to force me, I would have agreed to go. Instead I packed my bags and came up here. So here I am at Mrs. Paterson's cottage,* teaching her daughters. Daddy, don't be mad at me, please.

*오두막집이란 뜻의 cottage는 미국에서는 '피서지의 별장'이라는 의미로, 영국에서는 '시골 풍 주택'이라는 의미로 많이 쓰여요.

Yours ever,
Judy

1 **insist (that) + 주어(A) + should + 동사원형(B)**
A가 B해야 한다고 우기다〔주장하다〕
He insisted I should go to Europe.
그는〔도련님은〕 제가 유럽에 가야 한다고 우기시네요.

## Mini-Lesson

### 가정법 과거완료

'…했다면(…하지 않았다면) ~했을 것이다'라고 과거의 사실과 반대되는 상황을 가정해본 적 있죠? 이런 표현을 '가정법 과거완료'라고 하고요, 「if + 주어 + had + p.p., 주어 + would have + p.p.」의 형태로 쓰면 된답니다.

- If he hadn't tried to force me, I would have agreed to go.
  도련님이 강압적으로 우기지만 않았다면 제가 가겠다고 했을 거예요.
- If you had been there, this wouldn't have happened.
  네가 그곳에 있었다면 이런 일이 일어나지 않았을 것이다.

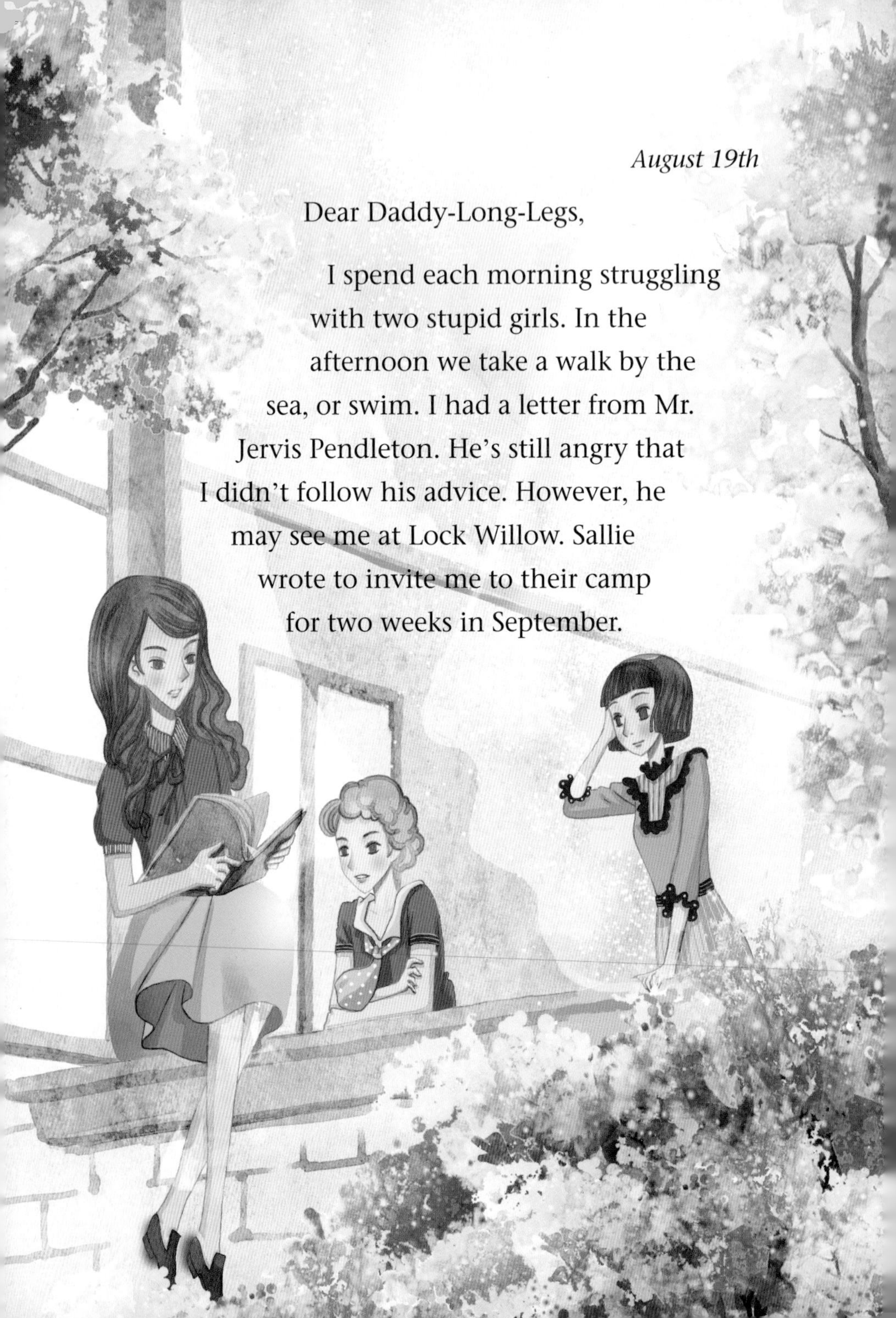

*August 19th*

Dear Daddy-Long-Legs,

I spend each morning struggling with two stupid girls. In the afternoon we take a walk by the sea, or swim. I had a letter from Mr. Jervis Pendleton. He's still angry that I didn't follow his advice. However, he may see me at Lock Willow. Sallie wrote to invite me to their camp for two weeks in September.

I want to go. And I want Master Jervie to arrive at Lock Willow and find me not there. I must show[1] him that he can't tell me what to do.

Judy

*Camp McBride, September 6th*

Dear Daddy,

Happily, your secretary's letter didn't come in time. So I am here with Sallie's family. I'm very happy! I'm sorry to disobey you. But I've worked[2] all the summer and deserve these two weeks.

I love you, Daddy.

Judy

□ struggle with …와 씨름하다, …때문에 애를 먹다
□ by the sea 바닷가에서
□ follow one's advice …의 조언을 따르다
□ tell ... what to do …에게 이래라 저래라 하다
□ happily 운 좋게도, 기쁘게도
□ in time 제때에, 시간에 맞춰
□ disobey …에게 순종하지 않다

1 **find ... not there** …가 그곳에 없다는 것을 깨닫게〔알게〕 되다
I want Master Jervie to arrive at Lock Willow and find me not there.
저비 도련님이 록 윌로우에 도착해서 제가 거기 없다는 것을 깨닫게 해주고 싶어요.

2 **be sorry to + 동사원형** …해서 죄송하다
I'm sorry to disobey you. 아저씨 말을 안 들어서 죄송해요.

# Check-up Time!

## • WORDS

빈 칸에 알맞은 동사를 보기에서 골라 써 넣으세요.

| support | refuse | follow | deserve |
|---|---|---|---|

1 He's still angry that I didn't ________ his advice.

2 I ________ to give up the scholarship.

3 I must teach this summer and begin to ________ myself.

4 I need to pass well to show I ________ my scholarship.

## • STRUCTURE

빈 칸에 들어갈 알맞은 전치사를 고르세요.

1 I'm very busy ________ exams.
a. on b. at c. with

2 The rope is to stop me ________ drowning.
a. by b. from c. for

3 You could spend the money ________ educating another girl.
a. to b. on c. from

4 I'm a bit nervous ________ meeting the Pendleton family.
a. about b. of c. with

**ANSWERS**

**Word** | 1. follow 2. refuse 3. support 4. deserve
**Structure** | 1. c 2. b 3. b 4. a

## ● COMPREHENSION

다음 질문에 알맞은 답을 고르세요.

**1** What did Judy think of Julia's mother?

a. She was generous to poor people.
b. She was different from Sallie's mother.

**2** Why didn't Judy go to the farm this summer?

a. Because she wanted to go to Sallie's.
b. Because Master Jervie wasn't there this year.

## ● SUMMARY

빈 칸에 맞는 말을 골라 이야기를 완성하세요.

Judy experienced more and more of the social life of college. She went to ( ) and visited the Pendleton family in New York. She also went to Jimmy's college to watch a ( ) game. Daddy-Long-Legs offered to send her to ( ) for the summer, but she decided instead to earn money by ( ) young girls. After that, she joined Sallie's family to spend the last weeks of the vacation.

a. tutoring b. dances
c. Europe d. football

**ANSWERS**

Comprehension | 1. b 2. a Summary | b, d, c, a

주디는 바사 대학교에 다녀요!

# Judy's in Vassar College!

In <Daddy-Long-Legs>, Judy attends a women's college. Its name does not appear in the story, but it is based on Vassar College, from which the writer graduated. The college traditions are often noticed in Judy's letters: the funny parades of all the classes, the President's speech in the spring, the big dance on Founder's Day and so on. The color pink is mentioned more than once in the story, and pink is onc of the college colors of Vassar. Judy eats ice cream and cake, which is a traditional specialty of the college.

Vassar College was founded in 1861 as one of the first women's universities in America, and is located in the Hudson Valley, not far from New York City and Princeton University, which both appear frequently in the story.

Some of the most famous Vassar graduates are poet Elizabeth Bishop, computer pioneer Grace Hopper, and actress Meryl Streep. Former First Lady Jacqueline Kennedy Onassis also attended this college. And of course, the author of this beautiful story, Jean Webster. What is most different from Webster's days is that Vassar College has been coeducational since 1969.

〈키다리 아저씨〉의 주인공 주디는 여자대학교에 다녀요. 학교 이름은 이야기 속에 나오지 않지만 주디가 다니는 대학은 저자가 졸업한 바사 대학교를 배경으로 하고 있어요. 이 학교의 전통이 주디의 편지 속에 종종 발견된답니다. 예를 들면 전 학년이 벌이는 재미있는 퍼레이드와 봄에 하는 총장님의 연설, 그리고 창립자 탄생 기념일에 가지는 성대한 무도회 등이요. 분홍색이 이야기 속에 여러 번 언급되는 데요, 분홍색은 바사 대학교를 상징하는 색 중 하나예요. 그리고 주디가 아이스크림을 넣은 케이크를 먹는 장면이 있는데요, 아이스크림 케이크는 바사 대학교의 전통 별식이에요.

바사 대학교는 1861년 미국 최초의 여자대학교 중 하나로 허드슨 밸리에 설립되었는데 〈키다리 아저씨〉에 자주 등장하는 뉴욕 시와 프린스턴 대학교에서 멀지 않은 곳이죠.

바사 대학교를 졸업한 유명인사 중에는 시인 엘리자베스 비숍과 컴퓨터 프로그래밍의 어머니라 불리는 그레이스 호퍼, 그리고 여배우 메릴 스트립 등이 있어요. 또한 영부인이었던 재클린 케네디 오나시스 여사도 바사 대학교에 다녔어요. 그리고 물론 이 아름다운 이야기의 저자 진 웹스터도 있죠. 웹스터가 다니던 시절과 가장 달라진 점이 있다면 그건 바사 대학교가 1969년부터 남녀공학이 되었다는 거예요.

# Senior

4학년

*October 3rd*

Dear Daddy-Long-Legs,

I'm finally a senior, and also the editor of the college magazine this year. I had a letter from Master Jervie, forwarded from Lock Willow. The letter says he can't visit Lock Willow for the autumn and hopes I enjoy the countryside. But he knew I was with the McBrides, because Julia told him!

Yours ever,
Judy

*November 17th*

Dear Daddy-Long-Legs,

I need sympathy. I wrote a story last winter and sent it to a publisher. Yesterday it was returned with a letter from the editor. He said the characters were unbelievable and the plot was silly. But he said that I should keep trying. I burned the story last night.[1] But I woke up this morning feeling happy with a new story in my head.

Affectionately,
Judy

- □ senior (4년제 대학의) 4학년생
- □ editor 편집장, 편집자
- □ college magazine 대학교 교지
- □ forwarded from (편지 등이) …로부터 회송(전달)된
- □ countryside 시골(지방)
- □ sympathy 동정, 연민
- □ publisher 출판사, 출판인
- □ unbelievable 터무니없는, 황당한
- □ plot 줄거리

1 **keep ...ing** 계속 …하다
He said that I should keep trying.
그가(편집자가) 저보고 계속 노력하라고는 하네요.

*January 9th*

Dear Daddy,

There is a family here in terrible trouble. The father is sick in a hospital. The oldest daughter earns a few dollars a day. The mother prays to God and does [1] nothing. They could buy some coal and food, if they had one hundred dollars. Will you help them? [2]

1 **a day** 하루에, 하루마다
The oldest daughter earns a few dollars a day.
큰딸은 하루에 겨우 몇 달러씩 벌어요.

2 **주어 + could + 동사원형, if + 주어 + 과거형 동사** …한다면 …할 수 있을 것이다
They could buy some coal and food, if they had one hundred dollars 만약 백 달러만 있으면 그 가족이 석탄과 음식을 살 수 있을 거예요.

*Later*

For two days I've been sick with swollen tonsils. The doctor asked why my parents didn't have my tonsils taken out when I was a baby. I didn't explain to him that I grew up in an orphanage.

Affectionately,
Judy

*January 12th*

Dear Mr. Philanthropist,

Your check came yesterday. The daughter was very grateful. The mother cried, "Thank you, Lord!" And I told her, "It was Daddy-Long-Legs who sent the money, and it was me who gave him the idea."

Yours,
Judy

- □ in trouble 곤경에 처한
- □ swollen 부어 오른
- □ tonsil 편도선
- □ take out 제거하다
- □ philanthropist 박애주의자
- □ give ... the idea …에게 그렇게 하자고 하다

**Mini-Lesson**

**It is〔was〕+강조할 사람+who+동사: …하는〔한〕 사람은 바로 ~이다〔였다〕**

누가 하는지, 즉 행동의 주체를 강조하고 싶을 때는 It is〔was〕 다음에 강조할 사람을 넣고 그 다음에 「who+동사」를 쓰면 된답니다.

- It was me who gave him the idea. 그에게 그렇게 하자고 한 사람은 바로 저였어요.
- It was her who paid for the coffee. 커피값을 낸 사람은 바로 그녀였다.

*Lock Willow Farm, April 4th*

Dear Daddy,

Sallie and I are at Lock Willow for the Easter★ Vacation. It is so peaceful and quiet here. We will spend ten days here. We climbed to the top of Sky Hill this morning where Master Jervie and I once cooked supper. I missed him terribly, just for two minutes. I'm writing a book about an orphanage and it is going to be good, Daddy. You just wait and see.

★ 부활절은 그리스도의 부활을 기념하는 축일로, 춘분 뒤 보름달 다음에 오는 일요일이에요. 이날 색색으로 칠한 달걀을 선물하는 풍습이 있지요.

Affectionately,
Judy

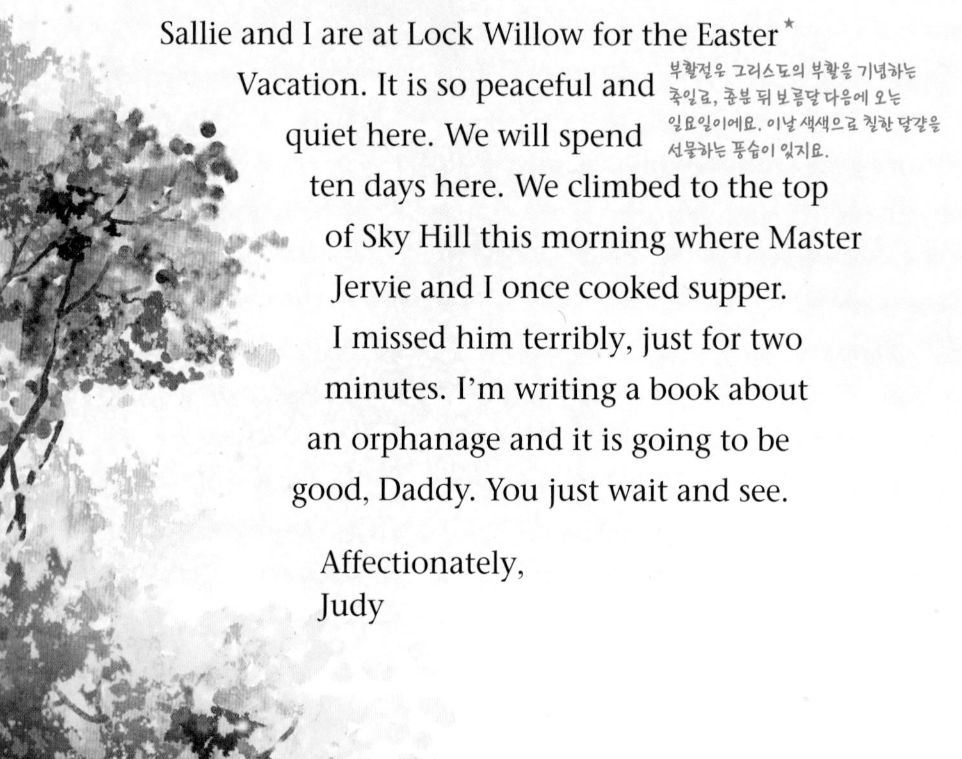

*May 17th*

Dear Daddy-Long-Legs,

My shoulder aches from writing too much. Graduation is in three weeks. You should come. Julia is inviting Master Jervie, and Sallie's inviting Jimmy, but who is there for me to invite? [1] Please come.

With love,
Judy

- □ peaceful 평화로운
- □ wait and see 두고 보다
- □ ache from …때문에 아프다〔결리다〕
- □ graduation 졸업

1 **Who is there for me to + 동사원형?**
제가 …할 사람이 달리 누가 있겠어요?
Who is there for me to invite?
제가 초대할 사람이 달리 누가 있겠어요?

*June 19th*

Dear Daddy-Long-Legs,

I'm an educated person now! Thank you for the roses. They were lovely. Master Jervie and Jimmy gave me roses too, but I carried yours at the graduation ceremony.

Now I'm at Lock Willow for the summer, forever maybe. It is such a good place to write.

Judy Abbott

*July 24th*

Dear Daddy-Long-Legs,

Master Jervie is coming Friday for a week. I won't write much next week because I'll be spending time with him.

Yours,
Judy

- □ carry 들고(지니고) 가다
- □ graduation ceremony 졸업식
- □ forever 영원히
- □ spend time with …와 함께 시간을 보내다
- □ miserable 비참한

*August 27th*

Dear Daddy-Long-Legs,

Sallie is going to work in Boston next winter and I may go with her. We could share an apartment together. I know you won't like it, but I can't stay here. I am miserable here without any family or friends. Daddy, I wish I knew you.

Yours,
Judy

*Lock Willow Farm, September 19th*

Dear Daddy,

Something has happened and I need your advice. May I see you? Please? I'm very unhappy.

Judy

*Lock Willow Farm, October 3rd*

Dear Daddy-Long-Legs,

Your note came today. I'm sorry that you've been ill. First, here's a check for one thousand dollars. Please don't refuse to take it. I've sold my story and it will be published.

Now, Daddy, I need your advice. I love Master Jervie. He asked me to marry him but I refused. It's wrong for an orphan to marry a man as important as him. But he went away thinking that I want to marry Jimmy. Then Julia wrote that Master Jervie has been very ill. What should I do?

Judy

□ note 짧은 편지, 쪽지
□ be published 출간되다
□ What should I do? 저는 어찌 해야 할까요?

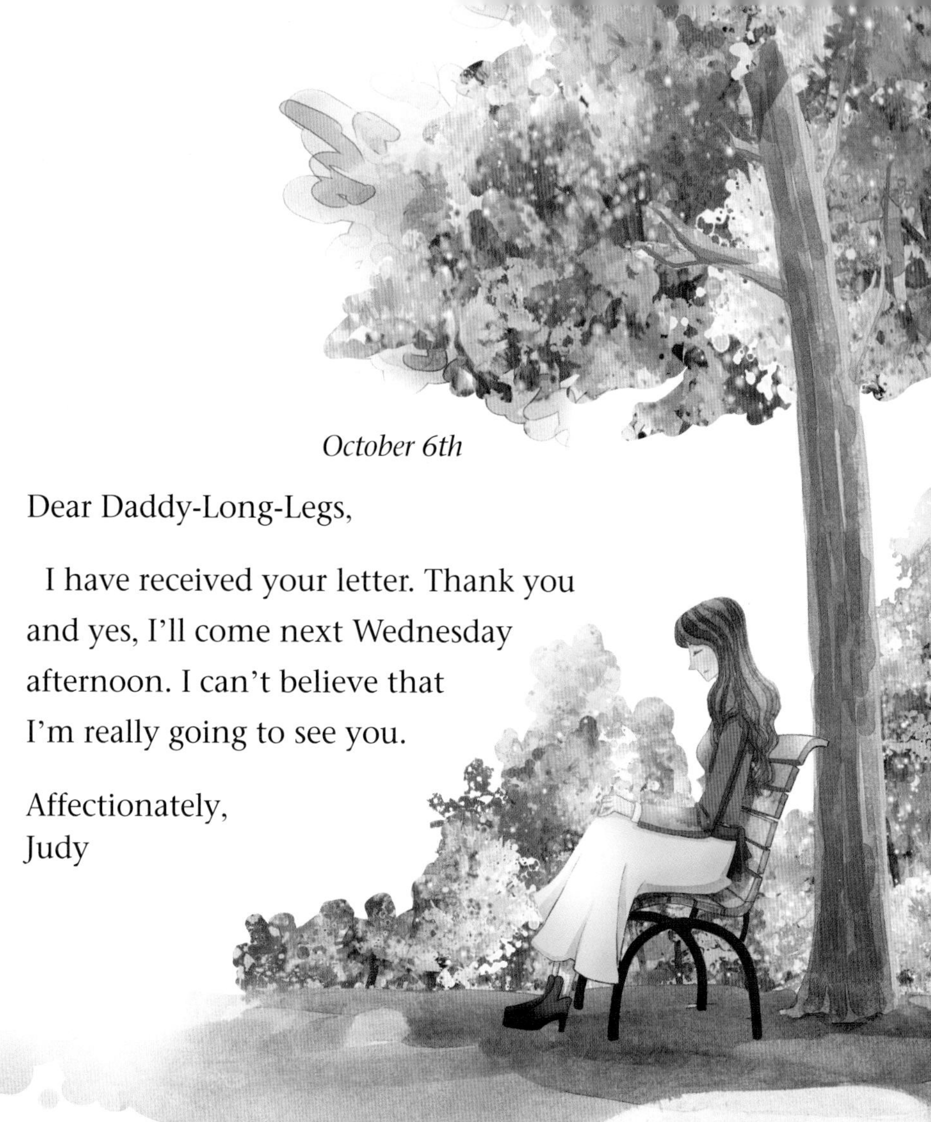

*October 6th*

Dear Daddy-Long-Legs,

I have received your letter. Thank you and yes, I'll come next Wednesday afternoon. I can't believe that I'm really going to see you.

Affectionately,
Judy

**Mini-Lesson**

**「to + 동사원형」의 의미상 주어는?**

가주어(It)와 진주어(to + 동사원형)가 쓰인 문장에서 「to + 동사원형」의 의미상의 주어는 「for + 명사(대명사)」로 표현하세요.

- It's wrong for an orphan to marry a man as important as him.
  저 같은 고아가 그분처럼 중요한 사람과 결혼하는 건 잘못된 일이에요.
- It is good for him to come today. 그가 오늘 온다니 잘됐다.

*Thursday Morning*

My Dear Master-Jervie-Daddy-Long-Legs-Pendleton-Smith,

Yesterday was the most wonderful day of my life. My first thought when I woke up was "I'm going to see Daddy-Long-Legs." And all the way to New York on the train I kept saying to myself, "I'm going to see Daddy-Long-Legs!"

The house looked very big and I was a bit frightened. When your butler led me to the room where you[1] were waiting, I said to myself again, "I'm going to see Daddy-Long-Legs!" It was dark in the room so I couldn't see clearly at first. Then I saw a man sitting in a big chair. He got up and just looked at me without saying a word. And then I saw it was you!

- □ of one's life 인생을 통틀어
- □ all the way to …로 가는 내내
- □ say to oneself 혼잣말하다
- □ frightened 겁에 질린, 무서운
- □ butler 집사
- □ clearly 분명히
- □ at first 처음에는
- □ without saying a word 아무 말 없이

1 **lead A to B** A를 B로 안내하다
Your butler led me to the room where you were waiting.
아저씨의 집사가 아저씨가 기다리고 계신 방으로 저를 안내했어요.

I thought for a second that Daddy had asked you to come to meet me there. Then you laughed and [1] said, "Dear Judy, didn't you guess that I was Daddy-Long-Legs?" Oh, I am stupid! I should have known, shouldn't I, Daddy? Jervie? (What must I call you?) We had a very sweet half hour before your doctor sent me away. And oh, how the stars were shining when I drove back to Lock Willow! I am missing you badly this morning but we'll be together soon. We belong to each other now. And I will never let you be sorry for a single moment.

Yours, forever and ever,
Judy

P.S. This is the first love letter I ever wrote.

### Mini-Lesson

See p.111

**should + have + p.p.** : …했어야 했는데

과거에 하지 못한 일에 대한 후회의 표현은 「should + have + p.p.」를 써요.
뜻은 '…했어야 했는데 (하지 못했다)' 가 되지요.

- I should have known, shouldn't I? 제가 당연히 눈치 챘어야 했는데 말이에요, 그렇죠?
- We should have given her a second chance. 우리는 그녀에게 한 번 더 기회를 줬어야 했다.

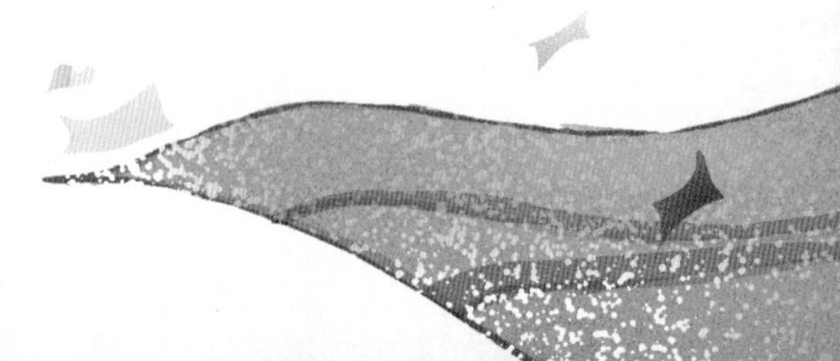

- □ for a second 잠시나마, 잠깐
- □ stupid 멍청한
- □ send ... away …을 쫓아내다
- □ drive (마차 등을) 타고 가다
- □ badly 너무나, 몹시
- □ belong to each other 서로에게 속하다
- □ for a single moment 단 한 순간도

1 **ask A to B** A에게 B하라고 부탁하다
I thought for a second that Daddy had asked you to come to meet me there. 잠시나마 저는 키다리 아저씨가 당신에게 저를 만나러 오라고 부탁한 줄 알았어요.

# Check-up Time!

## • WORDS

퍼즐의 빈칸에 들어갈 알맞은 철자를 써서 단어를 완성하세요.

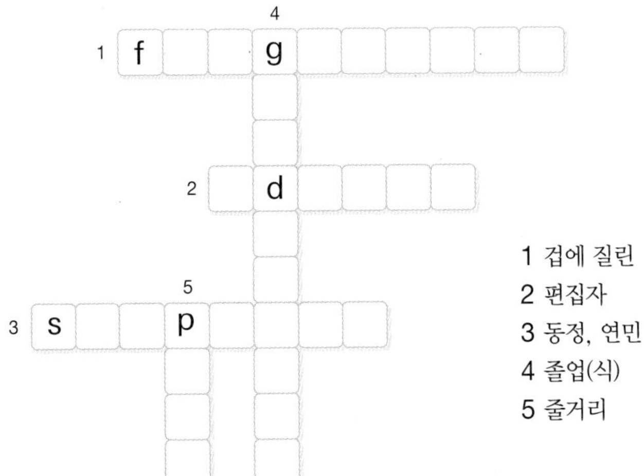


1 겁에 질린
2 편집자
3 동정, 연민
4 졸업(식)
5 줄거리

## • STRUCTURE

빈 칸에 알맞은 단어를 골라 문장을 완성하세요.

**1** He said that I should keep ________.

a. try　　b. trying　　c. tried

**2** I should have ________, shouldn't I?

a. know　　b. knowing　　c. known

**ANSWERS**

**Word** | 1. frightened 2. editor 3. sympathy 4. graduation 5. plot

**Structure** | 1. b 2. c

## • COMPREHENSION

본문의 내용과 일치하면 T에, 일치하지 않으면 F에 ∨ 표 하세요.

| | | T | F |
|---|---|---|---|
| 1 | Judy was very sad because someone burned her story. | ☐ | ☐ |
| 2 | Judy asked Daddy to help a poor family she knew. | ☐ | ☐ |
| 3 | Judy went to the farm with Sallie to spend the Easter vacation. | ☐ | ☐ |

## • SUMMARY

빈 칸에 맞는 말을 골라 이야기를 완성하세요.

Judy asked Daddy-Long-Legs to come to her (      ). But he didn't. Instead, he sent (      ). Judy felt very unhappy after she refused to marry Master Jervie. She thought she was not good enough for him. She needed (      ) from Daddy-Long-Legs, and asked him to see her. Finally, Daddy-Long-Legs invited Judy to his (      ) in New York, and there, a wonderful surprise was waiting for her.

a. advice          b. home

c. graduation ceremony          d. flowers

**ANSWERS**

Comprehension | 1. F 2. T 3. T   Summary | c, d, a, b

# After the Story

**Reading X-File** 이야기가 있는 구문 독해

**Listening X-File** 공개 리스닝 비밀 파일

**Story in Korean** 우리 글로 다시 읽기

본문 page 27
본문 page 34

# I'm not to expect any letters.

아저씨로부터 어떤 편지도 기대해서는 안 되죠.

★ ★ ★

주디는 자신을 대학에 보내준 후원자에게 키다리 아저씨란 별명을 붙이고 자신의 생활을 담은 편지를 써 보냅니다. 이름도 신분도 밝히지 않는 후원자가 답장을 하지 않을 것을 뻔히 알면서도 한번 떠보는 내용의 위 문장에서 주디는 '…해야 하다' 라는 뜻의 be to + 동사원형을 쓰고 있어요. be 동사에 not이 붙어서 부정문이 되면 위 문장처럼 '…하면 안 되다' 가 된답니다. 이 표현을 주디와 샐리의 대화로 다시 볼까요?

Judy

Well, I am to finish this story by Friday. So why don't we have the party on Saturday?

음, 나 이 이야기 쓰는 것을 금요일까지 마쳐야 해.
그러니까 파티는 토요일에 하는 게 어떨까?

Sallie

No problem. I will tell Julia.

상관없어. 내가 줄리아에게 말할게.

# I wish I had one.

저도 할머니가 한 분 계시면 좋겠어요.

★ ★ ★

주디는 동급생들과 야식파티를 하던 중 친구들이 서로 할머니 얘기를 하자 자신에게도 할머니가 있으면 좋겠다고 생각합니다. 그리고 그날 저녁 키다리 아저씨를 할머니 삼아 편지를 써 보내죠. 주디의 외로운 마음을 담은 위 문장은 I wish + 주어 + 과거형 동사의 형태를 취하고 있어요. 이때의 과거형 동사는 현재 사실과 반대되는 상황을 바랄 때 쓰는 가정법과거 시제지요. I wish + 가정법과거가 쓰인 문장을 주디와 줄리아의 대화로 다시 볼까요?

Julia

I wish we were in a nice restaurant now, not in this small room.

난 우리가 지금 이렇게 작은 방이 아니라 멋진 레스토랑에 있다면 좋겠어.

Judy

Well, I wish you were not so choosy.

음, 나는 네가 그렇게 까다롭지 않으면 좋겠다.

# Please don't like her better than me.

그 애를 저보다 더 예뻐하지는 말아주세요.

★ ★ ★

주디가 장학금을 받자 놀랍게도 키다리 아저씨는 장학금을 사양하라고 말합니다. 그러자 주디는 '장학금 덕분에 남는 돈으로 여자아이 한 명을 더 교육시키시면 어떨까요' 라는 제안을 합니다. 그러면서 애교스럽게 위와 같이 덧붙이죠. 이때 주디는 'Please don't like her better than (you like) me.'에서 반복되는 부분을 생략하고 되도록 간결한 문장을 만들고 있어요. 이렇게 반복되는 부분이 생략되는 경우를 주디와 저비 도련님의 대화로 다시 볼까요?

Judy

I don't know how to behave here. Can I dance with anybody I want (to dance with)?

여기서 어떻게 처신해야 할지 모르겠어요. 제가 원하는 사람 아무하고나 춤을 춰도 되나요?

Master Jervie

No. You can dance only when you are asked to (dance).

안 돼. 춤 신청을 받았을 때만 춤을 출 수 있어.

## I should have known, shouldn't I?

제가 당연히 눈치 챘어야 했는데 말이에요, 그렇죠?

★ ★ ★

드디어 키다리 아저씨를 방문하게 된 주디. 떨리는 마음으로 들어간 방에는 다름 아닌 저비 도련님이 앉아 있었지요. 주디는 사랑하는 저비 도련님과 4년 내내 가깝게 지내면서도 그가 바로 키다리 아저씨였다는 것을 눈치 채지 못한 자신이 믿어지지 않아 위와 같이 말하죠. 이처럼 should + have + 과거분사에는 '(당연히) …했어야 했는데 (그러지 못했다)' 라는 과거 행동에 대한 후회의 뜻이 담겨 있어요. 그럼 이 표현을 저비 도련님과 주디의 대화로 다시 볼까요?

Master Jervie

You should have written about what you know best.

네가 가장 잘 아는 것에 대한 이야기를 썼어야 했어.

Judy

But I wanted to use my imagination, not a source.

하지만 전 자료에 의지하기보다 상상력을 발휘하고 싶었어요.

# 01 있는 듯 없는 듯 이상한 h

h는 자음과 만나면 거의 묵음이 되어버려요.

tell her를 [텔 허]라고 발음하나요? 그런데 원어민의 발음을 들어보면 [텔 러]처럼 들린다고요? h가 앞에 오는 자음에 눌려 힘을 못 쓰고 약해지기 때문이에요. 마치 h가 아예 없는 것처럼 두 단어가 한 단어처럼 연결되는 거죠. 그럼 이렇게 자음 h가 묵음화되는 예를 본문 18쪽에서 다시 한번 확인해 볼까요?

And in return you will ( ① ) about your daily life and studies.
I hope you do not ( ② ).

① **write him** him의 h가 앞의 t 때문에 약해져서 [롸이ㅌ 힘]이 아니라 [롸이팀]처럼 들려요.

② **disappoint him** [디서포인ㅌ 힘]보다는 [디서포인팀]처럼 발음한답니다.

## 02 소리가 이어지면 영어도 술술!

단어 끝의 자음은 뒤에 오는 모음과 이어서 발음하세요.

Look at it.은 [룩 앹 잍]처럼 단어 별로 딱딱 끊어 발음하지 않고 [루캐팉]으로 흐르듯 발음해요. 자음으로 끝나는 단어 뒤에 모음으로 시작하는 단어가 오면, 앞의 자음과 뒤의 모음이 연결되는 연음현상이 일어나거든요. 그래서 마치 한 단어처럼 이어서 발음하지요. 본문 27쪽과 31쪽에서 이런 예들을 확인해 볼까요?

They are all ( ① ) all beautiful.

① **different and** [디퍼런ㅌ 앤ㄷ]로 딱딱 끊지 말고 [디퍼런탠ㄷ]로 부드럽게 붙여서 발음하세요.

I also bought a ( ② ) poems.

② **book of** [북 오ㅂ]보다는 [부커ㅂ]가 좋은 발음이랍니다.

# 03 n 뒤에 서면 작아지는 t

n과 t가 나란히 오면 n 소리만 남고 t는 소리가 안 나요.

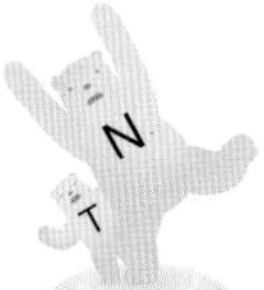


단어 안에서 n과 t가 나란히 오면 t가 n에 눌려 제대로 소리를 못 내고 꼬리를 내리는 경우가 있어요. 따라서 '풍부한' 이라는 뜻의 plenty는 [플렌티]보다 [플레니]처럼 t를 약화시켜 발음해요. 마찬가지로 wanted도 [원티ㄷ]보다는 t가 거의 들리지 않게 [워니ㄷ]로 발음하죠. 그럼 이렇게 t가 n을 만나 약해지는 예를 본문 55쪽에서 확인해 볼까요?

I won the school's annual short story contest, and a (　　　　)-five dollar prize!

**twenty** [트웬티]라고 t에 힘을 주어 발음하지 말고 t를 약하게 하고 n과 y를 연결시켜서 [트웨니]라고 발음해 보세요.

## 04 숨찬 소리도 가끔 필요해요.

-tain, -ten, -ton으로 끝나는 단어는 t를 앞쪽으로 살짝 당겨 발음하세요.

curtain, 혹시 [커튼]으로 발음하나요? 아니죠. 이때는 t를 앞으로 살짝 당겨 [컽-은]으로 발음하면서 일순간 숨이 멈추는 듯한 소리를 내야 해요. -tain, -ten -ton 등으로 끝나는 단어에서 자주 일어나는 현상이죠. 따라서 eaten은 [이튼]보다는 [잍-은]에, button은 [버튼]보다는 [벝-은]에 가깝게 발음해야 한답니다. 본문 62쪽에서 이런 예를 찾아 볼까요?

Your secretary has (            ) to tell me you wish me to return to Lock Willow this summer.

**written** [리튼]이라고 t를 강하게 발음하지 말고 t를 앞의 모음에 바싹 붙여서 [맅-은]으로 발음해보세요. 훨씬 자연스러운 발음이 됩니다.

우리 글로 다시 읽기

# 키다리 아저씨

## 1장 | 우울한 수요일

p.14~15 매달 첫 번째 수요일은 끔찍한 날이었다. 그날은 바로 고아원 후원자들이 방문하는 날이었다. 층층마다 말끔히 치워야 하고, 모든 가구에 윤을 내야 한다. 그리고 모든 침대를 완벽히 정리해야 한다. 아흔일곱 명의 고아원 아이들을 씻기고 깨끗한 옷으로 갈아입혀야 한다.

고아들 중 가장 나이가 많은 지루샤 애보트는 남몰래 이 날을 '우울한 수요일'이라고 불렀다. 지루샤는 온종일 힘들게 일했고 마침내 이번 달 우울한 수요일이 끝났다. 지루샤는 위층으로 올라가 창가에 앉았다. 그리고 차를 타고 떠나는 후원자들의 모습을 바라보았다. 그때 토미 딜런이 그녀를 부르는 소리가 들렸다.

"원장님이 누나보고 오라셔." 토미가 말했다.

지루샤는 자신이 무엇을 잘못했을까 걱정스러워졌다. 지루샤는 급히 어두운 복도를 지나 원장실로 향했다. 현관에 마지막으로 떠나는 후원자가 보였다. 그 후원자는 차도에 대기하고 있던 자동차를 향해 팔을 흔들었다. 키가 아주, 아주 큰 사람이었다.

p.16-17 자동차 전조등 불빛이 후원자의 그림자를 벽에 드리웠다. 그림자의 다리와 팔이 엄청나게 길어서 거대한 거미처럼 보였다. 그림자가 너무 웃겨서 지루샤는 웃음을 터뜨렸다. 그리고 웃음을 띤 채 원장실로 들어갔다.

"앉거라, 지루샤." 원장인 리페트 부인이 말했다.

지루샤는 앉았다.

"방금 떠나신 후원자를 보았니?" 리페트 부인이 물었다.

"뒷모습만 봤어요." 지루샤가 말했다.

"후원자 중 가장 후한 분이시다. 사내아이 두 명을 대학에 보내 주셨지. 하지만 여자아이들은 별로 좋아하시지 않는 것 같아. 어쨌든 오늘 회의에서 너에 관한 이야기가 나왔다."

"저요?"

리페트 부인이 말했다. "그래. 네가 학교에서 좋은 성적을 받았더구나. 특히 영어를 잘했어. 네가 영어시간에 쓴 수필이 오늘 후원자들 앞에서 낭독되었다. 너도 알겠지만 '우울한 수요일' 이란 그 수필 말이다."

지루샤는 죄책감이 들었다.

리페트 부인이 계속 말했다. "너는 고아원에 별로 고마운 마음이 없는 것 같더구나. 그런데 다행히도 방금 네가 보았던 그 후원자께서 네 글을 아주 독창적으로 보셨다. 그래서 그분이 너를 대학에 보내 주신다는구나."

p.18-19 "대학에요?" 지루샤의 눈이 휘둥그레졌다.

리페트 부인이 말했다. "그래. 그분이 모든 비용을 부담하시기로 했어. 그분은 네가 훌륭한 작가가 될 거라고 생각하신다."

"작가요?" 지루샤가 말했다. 지루샤는 정신이 멍했다.

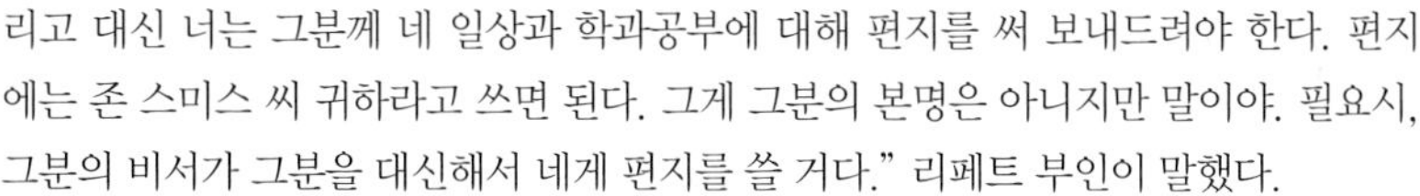

"너는 용돈으로 한 달에 35달러씩 받게 될 거야. 그리고 대신 너는 그분께 네 일상과 학과공부에 대해 편지를 써 보내드려야 한다. 편지에는 존 스미스 씨 귀하라고 쓰면 된다. 그게 그분의 본명은 아니지만 말이야. 필요시, 그분의 비서가 그분을 대신해서 네게 편지를 쓸 거다." 리페트 부인이 말했다.

지루샤는 몹시 혼란스러워졌다. 리페트 부인이 말을 이었다.

"그분은 익명으로 남기를 원하신다. 그리고 네 편지에 답장 같은 건 절대 하지 않으실 거다. 너는 그분이 대학에 보내주기로 결정한 첫 번째 여자아이야. 네가 그분을 실망시키는 일이 없었으면 한다."

"알겠습니다, 원장님. 감사합니다." 지루샤가 말했다. 지루샤는 원장실을 나와 문을 닫았다.

p.20-21 *9월 24일, 퍼거슨 홀 215호*

고아를 대학에 보내 주시는 친절한 후원자님께,

도착했습니다! 대학이 너무 커서 방을 나설 때마다 길을 잃을 정도예요.

이 편지는 인사를 전하기 위한 거예요. 전 편지 쓰는 것도 익숙하지 않은데 모르는 사람에게 쓰려니 이상한 기분이 들어요. 저는 아저씨가 누군지 모르지만 아저씨에 대해 다음 세 가지는 알아요.

아저씨는 키가 크다. 아저씨는 부자다. 아저씨는 여자아이들을 싫어한다.

저는 아저씨를 존 스미스 씨로 부르고 싶지는 않아요. 그래서 대신 키다리 아저씨로

부르려고요. 기분 나쁘지 않으셨으면 좋겠어요. 그냥 별명일 뿐이에요. 리페트 부인께는 제발 비밀로 해주세요.

이런, 지금 벨이 울리네요. 잠자리에 들 시간이에요.

안녕히 주무세요!

존경하는 마음으로,

지루샤 애보트 올림

2장 | 1학년

p.24-25 *10월 1일*

키다리 아저씨께,

대학이 너무 좋아요! 그리고 대학에 보내 주신 아저씨도 너무 좋아요. 정말 행복해요. 저는 독방을 써요. 같은 층에는 신입생이 두 명 더 있는데, 이 두 사람은 방을 같이 써요. 샐리 맥브라이드와 줄리아 펜들턴이에요. 샐리는 붉은색 머리에 아주 상냥해요. 하지만 줄리아는 뉴욕 최고의 부자에 속하는 가문 출신이고 아직 저에게는 말도 안 걸었어요.

아저씨의,

지루샤 애보트 올림

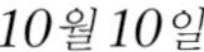

*10월 10일*

키다리 아저씨께,

미켈란젤로라고 들어보셨어요? 제가 그런 사람은 한번도 들어본 적이 없다고 하자 모두들 웃었어요. 저에게는 그 이름이 무슨 무슨 천사 이름 같아요. 저는 모르는 것이 너무나 많아서 그때마다 백과사전에서 찾아본답니다.

이제 제가 배우는 과목을 말씀드릴게요. 라틴어, 프랑스어, 기하학, 영어, 그리고 생물학을 배워요. 점점 유식해지고 있어요!

아저씨의,

주디 올림

추신: 저 이름 바꿨어요. 제 이름은 리페트 부인이 전화번호부에서 고른 거예요. 전 항상 제 이름이 싫었어요. 저를 주디라고 불러 주세요.

p.26-27 *11월 15일*

키다리 아저씨께,

아저씨께 아직 제가 새로 장만한 옷 얘기는 않았죠. 여섯 벌인데요, 모두 특별히 저만을 위해 산 옷들이에요. 새 옷을 가지게 해주신 아저씨께 정말 감사드려요. 옷들이 각각 다르고 모두 예뻐요. 교육을 받는 것도 좋은 일이지만 새 옷을 여섯 벌 가지는 것은 그보다도 더 좋아요. 평생 남의 옷을 물려받아 입었던 사람이라면 제 기분이 어떤지 잘 알 거예요.

아저씨의,

J. 애보트 올림

추신: 아저씨로부터 그 어떤 편지도 기대해서는 안 된다는 걸 알지만, 이것만 말해주세요. 아저씨는 나이가 굉장히 많으신가요? 그리고 머리가 완전히 벗겨지셨나요, 아니면 그저 조금 벗겨지셨나요?

p.28-29 *12월 19일*

키다리 아저씨께,

아저씨는 제 질문에 묵묵부답이시네요. 하지만 이 질문만큼은 정말 중요해요. 아저씨는 대머리이신가요?

아저씨의 모습은 상상이 가는데 머리모양은 상상이 안 가요. 머리털이 조금이라도 있으신가요, 아저씨?

*오후 9시 45분*

새로운 규칙을 정했어요. 밤에는 절대 공부하지 않는다. 대신 책만 읽기로 했어요. 저는 태어나서 18년 동안 별로 읽은 게 없거든요. 정상적인 가정에서 자란 여자아이라면 대부분 아는 것들을 저는 몰라요. 예를 들면, 저는 '제인 에어' 도 '이상한 나라의 앨리스' 도 '작은 아씨들' 도 한번도 읽은 적이 없어요, 잉글랜드 왕 헨리 8세가 결혼을 여러 번 한 것도 몰랐고, 모나리자 그림을 본 적도, 셜록 홈즈에 대해 들어본 적도 없어요.

*일요일*

크리스마스 휴가가 다음주에 시작돼요. 여학생들은 신이 나서 공부는 뒷전이에요. 모두들 집으로 돌아가고 저와 텍사스에서 온 신입생 레오노라 펜튼만 남을 거예요. 하지만 우리는 멋진 방학을 보낼 거예요. 멀리 산책도 나가고 만약 얼음이 얼면 스케이트 타는 것도 배울래요. 그리고 남는 시간엔 책을 읽을 거예요. 즐거운 크리스마스 되세요, 아저씨. 아저씨도 저처럼 행복하시면 좋겠네요.
아저씨의,
주디 올림

p.30-31 *크리스마스 방학이 끝나가는 무렵에*

키다리 아저씨께,

아저씨가 계신 곳에도 눈이 오나요? 제 방 창문으로 팝콘만큼 큰 눈송이가 날리는 것이 보여요. 금화 다섯 닢를 보내 주시다니 놀랐어요! 정말 감사드려요. 저는 크리스마스 선물을 받는 것에 익숙하지 않답니다. 주신 돈으로 제가 무엇을 샀는지 알고 싶으세요? 수업에 늦지 않도록 손목시계를 샀어요. 그리고 두꺼운 담요와 뜨거운 물 주머니도 샀어요. 제 방은 춥거든요. 글을 쓰려고 원고지를 샀고 어휘력을 늘리기 위해 사전도 샀어요. 그리고 시집도 한 권 샀어요. 괜찮으시다면 이 선물들이 캘리포니아에 사는 제 가족이 보낸 것인 척하고 싶어요. 시계는 아버지가, 담요는 어머니가, 보온물병은 할머니가, 원고지는 남동생이, 사전은 삼촌이, 그리고 시집은 숙모가 보내 주신 걸로 할래요.

이제 이틀 후면 방학이 끝나요. 샐리를 다시 보면 반가울 것 같아요.
사랑을 담아서,
주디 올림

p.32-33 *시험 전날*

키다리 아저씨께,

모두들 열심히 시험 공부를 하고 있어요. 저는 지난 나흘간 불규칙 동사 쉰일곱 개를 외웠어요. 시험이 끝날 때까지 기억하기를 바랄 뿐이에요. 줄리아 펜들턴이 오늘 저녁 때 수다를 떨러 왔다며 제 방에 들렀어요. 줄리아는 제 가족에 대해 알고 싶어하더라고요. 하지만 모르니 말을 해줄 수가 있나요? 그래서 이름들을 지어냈지요. 줄리아 말로는 자기 가문이 헨리 8세와 사돈관계래요. 길고 멋진 편지를 쓰려고 했는데 지금 너무 졸려요. 그리고 시험 때문에 걱정돼요.

*일요일*
키다리 아저씨께,

나쁜 소식이 있어요. 수학과 라틴어 시험에서 낙제했어요. 보충수업을 받을 거고 다음달에 재시험을 볼 거예요. 다시는 낙제하지 않겠다고 약속드리면 저를 용서해 주시겠어요?

아저씨의,
주디 올림

p.34-35 키다리 아저씨께,

오늘밤은 외로워요. 오늘 저녁 샐리, 줄리아, 레오노라와 함께 야식파티를 열었어요. 즐거운 시간을 보냈어요. 그런데 제가 이상한 부탁 하나만 드려도 될까요? 오늘밤만 제 할머니가 되어 주시지 않을래요? 샐리는 할머니가 한 분, 줄리아와 레오노라는 각각 두 분 다 계시대요. 오늘밤 서로 자기 할머니 얘기를 하는데 저도 할머니가 한 분 계시면 좋겠어요. 그래서 언짢지 않으시면 이렇게 인사드릴게요. 안녕히 주무세요, 할머니. 진심으로 사랑해요.

주디 올림

*3월 26일*
D.L.L. 스미스 씨께,

당신은 제 질문에 절대 답하지 않으시고 제가 하는 일에 관심도 없으십니다. 이제부터는 편지에 공부에 대해서만 쓰겠습니다. 라틴어와 수학 재시험에 통과했습니다.

아저씨의
지루샤 애보트 올림

*4월 2일*
키다리 아저씨께,

제가 지난주에 보낸 끔찍한 편지는 제발 잊어주세요. 그 편지를 쓸 때는 외롭고 불행한 마음이 들어서 그랬어요. 저는 지금 편도선염에 걸려서 학교병원에 있어요. 여기 있은 지 엿새 되었고 지금 몹시 아파요. 아저씨가 용서해 주시기 전에는 나을 것 같지 않아요. 제가 불쌍하지 않으신가요?

사랑을 담아서,
주디 올림

*4월 4일, 학교병원*

키다리 아저씨께,

어제 예쁜 분홍 장미로 가득한 상자가 배달됐어요. 그것도 아저씨가 보내신 카드와 함께요. 너무나 감사드려요, 아저씨. 보내 주신 꽃은 제가 난생처음 받아보는 진짜, 진정한 선물이에요. 너무 기뻐서 울었어요. 다시는 못되게 굴지 않겠다고 약속드려요. 이제는 아저씨가 실제 인물이란 걸 알았으니까요.

사랑을 담아서,

주디 올림

p.38-39 *목요일, 예배 후에*

제가 특히 좋아하는 책은 '폭풍의 언덕' 이에요. 이 소설을 썼을 때 에밀리 브론테는 꽤 젊었고 가족 이외의 남자는 알지도 못했어요. 그런데 어떻게 히스클리프 같은 남자를 상상해낼 수 있었을까요? 저도 아주 젊고 고아원 밖으로 나가 본 적도 없지만 제가 이런 이야기를 쓸 수 있을 것 같지는 않아요. 가끔은 제겐 천재성이 없는 것 같아 두려워요. 제가 훌륭한 작가가 못 된다면 아저씨는 몹시 실망하실 건가요?

사랑으로,

주디 올림

*5월 27일*

키다리 아저씨께,

리페트 부인이 편지를 보내서 제게 여름방학 계획이 있는지 물으셨어요. 만약 별다른 계획이 없으면, 개학 때까지 고아원에 와서 지내래요. 저는 고아원이 싫어요. 거기 다시 가느니 차라리 죽고 말겠어요.

아저씨의,

지루샤 애보트 올림

*5월 29일*

제가 여름방학을 농장에서 보낼 수 있게 배려해 주셔서 감사드려요. 전 한번도 농장에 가본 적이 없어요. 그래서 몹시 설레요. 편지가 짧아서 죄송해요. 지금 프랑스어 수업시간이라서요. 안녕히 계세요. 아저씨를 몹시 사랑해요.

주디 올림

p.40-41 *5월 30일*

키다리 아저씨께,

오늘 또 다른 펜들턴 가문 사람을 만났어요. 줄리아의 삼촌인 저비스 펜들턴 씨에요. 줄리아와 샐리는 둘 다 수업이 있어서, 줄리아가 저보고 삼촌에게 교정을 구경시켜 달라고 부탁했어요. 펜들턴 씨는 키가 크고 말랐어요. 그리고 웃을 때 입꼬리가 올라가는 게 재미있어요. 어쩐지 오랫동안 알고 지냈던 분 같은 느낌이었어요. 우리는 교정을 모두 둘러본 뒤 교내 카페에서 차와 아이스크림을 넣은 케이크를 들었어요.

그러다 그만 펜들턴 씨가 기차 시간에 맞춰 달려가야 하셨어요. 줄리아는 제가 삼촌의 시간을 다 뺏었다고 화를 냈어요.

오늘 아침 펜들턴 씨로부터 줄리아와 샐리와 제 앞으로 초콜릿 상자가 하나씩 배달되어 왔어요. 정말 멋지지 않아요? 아저씨도 언젠가 학교에 오셔서 함께 차를 마신다면 참 좋겠어요.

아저씨의,

주디 올림

p.42-43 *6월 9일*

키다리 아저씨께,

방금 마지막 시험을 마쳤어요. 그리고 이제 농장에서 석 달을 지낼 거예요! 태어나서 한번도 농장에 가본 적이 없지만 분명히 좋아하게 될 거예요.

아저씨의,

주디 올림

*토요일 밤, 록 윌로우 농장*

키다리 아저씨께,

지금 막 농장에 도착했어요. 농장에 있는 집은 적어도 백 년은 된 집이래요.

집주인은 셈플 씨 부부예요. 두 분 다 좋은 분들이에요. 우리는 성대한 저녁을 들었어요. 모두 농장에서 난 음식으로요!

제 방에는 커다란 사각형 탁자가 있어요. 거기 앉아 소설을 쓰면서 여름을 보낼 생각이에요.

지금은 8시 30분이고 이제 자려고 해요. 여기서는 새벽 5시에 일어나요.

안녕히 주무세요,

주디 올림

p.44-45 *7월 12일, 록 윌로우 농장*

키다리 아저씨께,

셈플 부인 말로는 이 농장의 예전 주인이 저비스 펜들턴 씨였대요! 셈플 부인이 그분의 유모였는데, 그분이 셈플 부인에게 이 농장을 준 거래요. 셈플 부인은 그분을 '저비 도련님' 이라고 불러요. 아주 귀여운 꼬마였대요.

*일요일*

어제 이 편지를 쓰기 시작했다가 나무딸기를 따러 나갔어요. 돌아와보니 진짜 거미 한 마리가 편지 위에 올라앉아 있는 거예요! 저는 거미를 살짝 들어서 밖에 놓아줬어요. 거미는 아저씨를 생각나게 하는 존재이므로 한 마리라도 다치게 할 수는 없지요. 이 편지를 끝내면 다락에서 발견한 책을 읽을 생각이에요. 책 첫 페이지에 꼬마아이의 글씨로 '저비스 펜들턴' 이라는 이름이 써 있네요.

아저씨의,

주디 올림

*9월 15일*

아저씨께,

체중이 9파운드나 불었어요! 록 윌로우를 요양지로 추천합니다.

아저씨의,

주디 올림

3장 | 2학년

p.48-49 *9월 25일*

키다리 아저씨,

이제 2학년이 됐어요! 록 윌로우를 떠나는 건 섭섭했지만 다시 교정을 볼 수 있어서 기뻤어요. 이번에는 샐리, 줄리아와 함께 지내게 됐어요. 서재가 하나 있고 작은 침실이 세 개 있어요. 고아원 출신 지루샤 애보트가 펜들턴 가문 사람과 한 공간을 쓰게 되다니! 여기는 정말 민주주의 국가가 맞네요. 샐리가 학생회장 선거에 출마해요. 그리고 전 샐리가 뽑힐 걸로 확신해요.

정치활동 중인,

J. 애보트 올림

*10월 17일*

키다리 아저씨께,

제가 선거 애기했던가요? 선거는 3주 전에 치렀어요. 샐리가 뽑혔고 우리는 '맥브라이드여 영원하라' 라고 쓴 깃발을 앞세우고 행진을 했어요. 기숙사 258호실은 아주 중요한 장소가 되었고 줄리아와 저도 덩달아 유명인사가 되었답니다!

안녕히 주무세요, 아저씨.

사랑하는,

주디 올림

p.50-51 *11월 12일*

키다리 아저씨께,

샐리가 이번 크리스마스를 자기 집에서 함께 보내자고 초대했어요. 맥브라이드 가족은 아이가 셋, 할머니 한 분, 그리고 고양이가 한 마리 있어요. 정말 완벽한 가족이에요!

아저씨의,

주디 올림

*12월 31일, 스톤게이트, 매사추세츠 우스터*

키다리 아저씨,

크리스마스 선물로 보내주신 수표, 정말 감사드려요. 저는 샐리네 집에서 즐거운 방학을 보내고 있어요. 가족이 이렇게 좋은 것인지 정말 몰랐어요. 샐리 가족이 저를 위해 무도회를 열어 주었어요. 저는 보내 주신 수표로 산 흰색 야회복을 입었어요. 그리고 샐리의 잘생긴 오빠 지미와 춤을 췄어요. 지미는 프린스턴 대학교 3학년이에요.

아저씨의,

주디 올림

*토요일, 6시 30분*

아저씨께,

다시 학교로 돌아왔어요. 줄리아의 삼촌이 오늘 오셔서 우리와 함께 차를 들었어요. 펜들턴 씨에게 지난 여름에 록 윌로우에서 보냈다고 했어요. 펜들턴 씨는 농장을 속속들이 기억하고 계시더라고요. 그리고 제가 '저비 도련님'이라고 불렀지만 싫어하시지 않는 것 같았어요.

아저씨의,

주디 올림

p.52-53 *1월 20일*

키다리 아저씨께,

제가 한 번 고아원에서 도망친 적이 있었던 것 알고 계세요? 고아원 사람들은 제가 부엌에서 과자를 훔쳐먹었을 때 저를 때리고 다른 아이들에게 제가 도둑이라고 했어요. 그러니 어떻게 도망치지 않고 배기겠어요? 겨우 6킬로미터 도망가다가 붙잡혀서 다시 고아원으로 끌려 왔어요. 그 후 일주일 내내 아이들이 밖에서 놀 때마다 저는 장대에 묶여 있었어요.

벨이 울리네요! 가야 해요! 다음에는 좀 더 명랑한 편지를 쓸게요.

*2월 4일*

키다리 아저씨께,

지미 맥브라이드가 저에게 프린스턴 대학교 깃발을 보냈어요. 방 한 쪽 벽을 다 차지할 정도로 커요. 요즘은 제가 무엇을 공부하는지 말씀드리지 못했지만 사실상 시간의 대부분을 공부하는 데 쏟고 있어요. 시험은 다음주지만 두렵지 않아요.

아저씨의 영원한,

주디 올림

p.54-55 *3월 5일*

키다리 아저씨께,

'햄릿'을 읽어보신 적 있나요? 셰익스피어는 정말 위대한 작가예요! 글을 읽을 줄

알면서부터 저는 줄곧 책 속의 인물이 된 상상을 하며 잠이 들었어요. 오늘 저는 오필리어예요. 하지만 분별있는오필리어여서 햄릿을 행복하게 만든답니다! 우리는 함께 덴마크를 다스려요. 햄릿은 법을 만들고 저는 훌륭한 고아원을 설립하죠.

그리고 참, 제가 시험에 모두 통과했어요.

아저씨의,

덴마크 왕비, 오필리어 올림

*3월 24일, 어쩌면 25일*

키다리 아저씨께,

교내에서 매년 개최하는 단편소설 대회에 당선되어서 상금으로 25달러를 받았어요! 그러니 제가 결국 작가가 되기는 되려나 봐요. 줄리아와 샐리와 저는 다음주 금요일에 뉴욕에 가서 쇼핑을 할 계획이에요. 그 다음날엔 '저비 도련님'과 극장에 가서 '햄릿'을 볼 거랍니다. 너무나 흥분돼요.

아저씨의,

주디 올림

p.56-57 *4월 7일*

키다리 아저씨께,

뉴욕은 정말 어마어마하지 않나요? 아저씨는 거기 사시니까 잘 아시겠지만요. 하지만 뉴욕 거리는 정말 흥미롭지 않나요? 사람들은 어떻고요? 또 상점들은요? 줄리아가 모자를 사러 나갔어요. 샐리와 저도 따라갔지요. 가격은 전혀 걱정하지 않고 원하는 모자를 산다는 것은 정말 대단해요! 그 다음 우리는 저비 도련님을 만나 극장으로 출발하기 전에 근사한 식당에서 점심을 먹었어요. '햄릿'은 교실에서 배울 때보다 무대에서 보는 게 훨씬 멋져요. 저도 작가보다는 배우가 되고 싶어졌어요. 그러면 아저씨는 언짢으실까요? 저비 도련님이 우리들 각각에게 근사한 꽃다발을 주셨어요. 정말 다정한 분이에요. 전에는 남자들을 딱히 좋아하지 않았지만 지금은 생각이 바뀌고 있어요.

아저씨의,

주디 올림

p.58-59 *4월 10일*

부자님께,

여기 50달러 수표를 돌려보냅니다. 정말 감사하지만 받을 수 없습니다. 매달 주시는 용돈으로도 필요한 모자를 사는 데 충분합니다. 저는 구걸한 게 아니었습니다!

지루샤 애보트 올림

*4월 11일*

아저씨께,

제가 어제 쓴 편지를 제발 용서해 주시겠어요? 제가 배은망덕하다면 죄송해요. 하지만 수표는 돌려드릴 수밖에 없었어요. 다른 아이들은 베풀어주는 가족이 있지만 저는 아저씨의 자선에 의지해서 살고 있어요. 제게 필요한 것 이상을 받을 수는 없어요. 언젠가는 다 제가 갚아야 할 것들이니까요. 제게 주신 이 새로운 삶에 대해 항상 아저씨께 감사드려요.

사랑해요,

주디 올림

p.60-61 *5월 4일*

키다리 아저씨께,

지난주 토요일은 우리 학교 체육대회날이었어요. 먼저 전 학년이 퍼레이드를 벌였어요. 줄리아 펜들턴이 뚱뚱한 시골 농부로 변장했어요. 어찌나 연기를 잘하던지 모두들 웃고 난리였어요. 샐리와 저는 퍼레이드에 참가하지 않았어요. 우리는 경기에 나갔거든요. 샐리는 장대넘기에서 우승하고 저는 50야드(45미터) 달리기에서 우승했답니다! 어젯밤에는 늦게까지 자지 않고 '제인 에어'를 읽었어요. 제인이 고아원에서 고생하는 대목에서는 너무 화가 났어요! 제인이 어떤 심정이었을지 저는 정확히 이해할 수 있었거든요.

저는 상상력을 가지는 것이 가장 중요하다고 생각해요. 상상력은 사람들을 친절하고 인정 있게 만들어요. 우리는 아이들이 상상력을 가질 수 있도록 이끌어 주어야 해요. 하지만 고아원은 그런 일을 하지 않아요.

사랑으로,

주디 올림

p.62-63 *6월 2일*

키다리 아저씨께,

무슨 일이 일어났는지 아저씨는 상상도 못하실 거예요. 맥브라이드 가족이 산에 있는 자신들의 가족 캠프에서 함께 여름을 보내자며 저를 초대했어요! 너무너무 신나요.

아저씨의,

주디

*6월 5일*

키다리 아저씨께,

아저씨의 비서분이 보낸 편지에 아저씨는 제가 올 여름도 록 윌로우로 가기를 바라신다고 적혀 있네요. 왜요? 맥브라이드 부인은 제가 와서 샐리와 함께 지내기를 원해요. 우리는 함께 책도 많이 읽을 계획이에요. 그리고 제가 샐리의 어머니께 배울 점도 굉장히 많고요. 그리고 지미 맥브라이드는 제게 말 타는 법과 카누 젓는 법을 가르쳐 주기로 했어요. 제발 가게 해주세요. 뭔가를 이렇게 간절히 원해본 적도 없답니다.

사랑으로,

주디 올림

*6월 9일*

존 스미스 귀하,

귀하의 비서분 편지는 잘 받았습니다. 지시하신 대로 이번 여름 록 윌로우 농장에서 지내겠습니다.

성심을 다해,

지루샤 애보트 올림

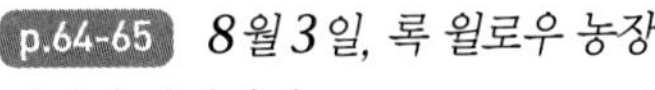

p.64-65 *8월 3일, 록 윌로우 농장*

키다리 아저씨께,

제가 편지를 쓴 지도 거의 두 달이 되었네요. 착한 행동은 아니지만 올 여름에는 아저씨를 별로 사랑하지 않았어요! 맥브라이드네 가족 캠프로 가지 못하게 되어서 얼마나, 얼마나 실망했는지 몰라요. 하지만 아저씨를 용서하기로 했어요. 올 여름엔 글을 많이 썼어요. 단편소설 네 편을 끝내서 각기 다른 잡지사에 보냈어요. 저는 이렇게 작가가 되기 위해 노력하고 있답니다.

*금요일*

빅뉴스가 있어요! 뭘 것 같아요? 펜들턴 씨가 록 윌로우를 방문하실 거래요. 어쩌면 일주일, 아니면 2주, 아니면 3주 동안 머무르실지도 몰라요!

*토요일*

저비 도련님은 아직도 안 오셨어요. 빨리 오셨으면 좋겠어요. 저는 대화 상대가 간절히 필요해요.
언제나 아저씨의,
주디 올림

p.66-67 *8월 25일*

아저씨, 저비 도련님이 오셨어요. 우리는 즐거운 시간을 보내고 있답니다. 도련님은 같이 있으면 재미있고 아주 다정하고 친절한 분이세요. 도련님과 저는 몇 마일씩 근방을 돌아다녀요. 그리고 도련님에게 낚시와 승마도 배웠어요. 월요일 오후에는 함께 스카이 힐에 올랐고요. 그리 높은 산은 아니지만 정상에 다다르니 숨이 가빴어요. 우리는 거기서 해가 질 때까지 머무르다가 모닥불을 피웠어요. 저비 도련님이 저녁을 지으셨죠. 캠핑에는 일가견이 있으시대요. 정말 즐거웠어요! 오늘 아침에도 도련님과 멀리까지 산책을 나갔는데 폭풍우를 만났지 뭐예요. 흘딱 젖었지만 우리는 신경 쓰지 않았어요.
애정을 담아서,
주디 올림

p.68-69 *9월 10일*

아저씨께,

그분이 가셨어요. 그리고 우리 모두 그분이 몹시 그리워요!

제가 올 여름에 써서 잡지사로 보냈던 단편소설들이 모두 되돌아왔어요. 하지만 신경 안 써요. 좋은 연습이 되었어요. 저비 도련님께 보여드렸을 때 끔찍하다는 평을 들었어요. 하나만 빼고요. 그래서 그 이야기를 고쳐 써서 잡지사로 다시 보냈어요. 잡지사에서 2주째 돌려보내지 않고 있네요. 어쩌면 잡지에 실어줄 생각을 하고 있을지도 몰라요.

*목요일*

어떻게 생각하세요? 제 이야기가 채택되어서 고료로 50달러를 받았어요. 저는 이제 작가예요! 그리고 대학에서도 편지가 왔어요. 제가 앞으로 2년 동안 장학금을 받게 되었대요. 기숙사비와 학비가 면제될 거예요. 영어 과목에서 우수한 성적을 냈기 때문이래요. 너무나 기뻐요. 이제 아저씨에게 그다지 큰 부담이 되지 않을 테니까요. 2주 후면 개학이에요.

아저씨의 영원한,

주디 올림

## 4장 | 3학년

p.72-73 *9월 26일*

키다리 아저씨께,

학교로 돌아왔고 이제 3학년이 되었어요. 그런데 아저씨, 아저씨 비서분의 편지가 저를 기다리고 있었어요. 왜 제가 장학금 받는 것을 원치 않으시는 거죠? 정말 이해가 안 돼요. 아저씨가 자랑스러워하실 줄 알았는데요. 더구나 장학금을 받으면 제가 아저씨에게 그렇게 큰 폐를 끼치지 않아도 돼요. 저에게는 매우 중요한 문제예요. 제발 이해해 주세요.

애정을 담아서,

주디 올림

*9월 30일*

아저씨께,

아저씨는 정말 고집불통에 막무가내세요. 제가 모르는 사람들로부터 호의를 받는 걸 원치 않으신다고요? 그럼 아저씨는 뭔가요? 저는 아저씨에 대해 아는 것이 아무것도 없어요. 장학금은 호의가 아니에요. 제가 열심히 공부해서 얻은 거예요. 장학금을 포기하지는 않을래요. 덕분에 절약되는 돈을 다른 여자아이를 교육하시는 데 쓰셔도 되잖아요. 하지만 그 애를 저보다 더 예뻐하지는 말아 주세요.

아저씨의,

지루샤 애보트 올림

p.74-75 *11월 9일*

키다리 아저씨께,

줄리아가 크리스마스 방학을 자기 집에서 보내자고 초대했어요. 펜들턴 가문 사람들을 만난다니 좀 긴장돼요. 그리고 새 옷도 많이 필요할 거고요. 그래서 만약 아저씨께서 제가 그냥 학교에 남아 있기를 바라신다면 기꺼이 그 뜻에 따르겠습니다.

아저씨의,

주디 올림

*12월 7일*

키다리 아저씨께,

아저씨의 침묵은 곧 제가 줄리아네를 방문해도 좋다는 뜻이겠지요. 감사합니다. 지난주 창립자 탄생 기념 무도회에 제가 지미를 초대했어요. 샐리는 지미의 룸메이트를 초대했고 줄리아는 뉴욕에서 한 남자를 초대했어요. 우리 모두 정말 즐거운 시간을 보냈었어요. 지미와 룸메이트가 우리를 내년 봄에 있을 프린스턴 대학교 무도회에 초대했어요. 우리가 이미 수락했으니 제발 반대하지 말아 주세요. 저와 줄리아, 샐리 모두 이번 무도회를 위해 새로 장만한 드레스를 입었어요. 제 드레스는 연한 분홍색 비단에 크림색 레이스가 달린 거였어요. 그리고 제가 비밀 하나 알려드릴까요? 저는 예뻐요. 정말이에요.

아저씨의,

주디 올림

p.76-77 *12월 20일*

키다리 아저씨께,

보내주신 크리스마스 선물 감사드려요. 목걸이도 목도리도 장갑도 손수건도 책도 모두 너무 맘에 들어요. 그리고 무엇보다 아저씨가 맘에 들어요! 행복하시고 즐거운 크리스마스 되세요.

항상 아저씨의,

주디 올림

*1월 11일*

뉴욕에서 멋진 시간을 보냈어요. 하지만 제가 펜들턴 가문 사람이 아니어서 다행이지 뭐예요! 펜들턴 가족은 옷도 근사하게 입고 집도 화려해요. 하지만 우리가 도착했을 때부터 떠날 때까지 진심어린 말은 한 마디로 들어보질 못했어요. 펜들턴 부인은 사교생활 이외에 그 어떤 것에도 관심이 없으세요. 펜들턴 부인은 맥브라이드 부인과는 다른 종류의 어머니인 것 같아요! 만약 제가 결혼해서 가정을 이룬다면 맥브라이드 가족 같은 가정을 만들 거예요.

저비 도련님은 한 번밖에 못 봤는데 그나마도 따로 이야기할 기회가 없었어요. 정말 실망스러웠어요. 도련님도 친척들을 그다지 좋아하는 것 같지 않아요. 그리도 펜들턴 가문 사람들도 자선사업에 돈을 낭비한다며 도련님을 괴짜로 생각해요.

아저씨의 영원한,

주디 올림

p.78-79 *2월 11일*

D. L. L.께,

편지가 짧아서 죄송해요. 시험이 끝나자마자 다시 편지 드릴게요. 저는 시험에 통과해야 해요. 그것도 좋은 성적으로 통과해야 해요. 장학금을 받을 자격이 있다는 걸 보여주어야 하니까요.

아저씨의,

J. A. 올림

*3월 5일*

키다리 아저씨께,

총장님이 오늘 저녁 연설을 하셨어요. 총장님은 우리가 연장자들에게 좀 더 존경심을 표해야 한다고 말씀하시네요. 제가 아저씨께 너무 조심성 없이 대하나요, 아저씨? 좀더 존경을 표해야 할까요? 그래요, 마땅히 그래야 할 것 같아요. 그래서 다시 시작하겠습니다. 친애하는 스미스 씨 귀하, 제가 중간고사를 모두 통과했다는 소식에 기뻐하시리라 생각합니다. 요즘 체육관에 꼬박꼬박 나가고 있으며 수영을 배우는 중이기도 합니다. 이상적인 날씨입니다. 제 급우들과 저는 강

의실까지 산책을 즐긴답니다. 건강하시기 바랍니다.
존경하는 귀하의,
지루샤 애보트 올림

p.80-81 *4월 24일*
아저씨께,
이번 주에 샐리와 줄리아와 함께 프린스턴 대학교에 가서 무도회에 참석하고 미식 축구경기도 관람했어요. 맥브라이드 부인이 저희와 동행하셨어요. 정말 즐거웠어요. 하지만 자세한 내용을 모두 말씀드리지는 않을래요. 너무 많고 너무 복잡하거든요.
애정을 담아서,
주디 올림

*5월 15일*
키다리 아저씨께,
지금 수영을 배우고 있어요. 허리띠 뒤에 있는 고리에 줄을 걸어요. 그리고 그 줄은 천장에 있는 도르래로 연결돼요. 제가 물에 가라앉는 걸 막는 장치예요. 하지만 그래도 무서워요.

제가 편지를 쓰는 남자가 아저씨 혼자는 아니랍니다. 믿어지세요? 저비 도련님이 뉴욕에서 제게 편지를 보내시고요, 프린스턴에서는 지미가 편지를 보내요.

*6월 4일*
아저씨께,
시험 공부를 하고 방학을 맞아 짐을 꾸리느라 아주 바빠요. 줄리아는 이번 여름에 해외로 나가고 샐리는 산에서 방학을 보낼 거래요. 저는 여자아이 둘의 가정교사로 일하며 여름을 보내기로 했어요. 하지만 9월 1일부터는 록 윌로우에 있을 거예요.
사랑으로,
주디 올림

p.82-83 *6월 10일*

아저씨께,

이번 여름 저를 유럽에 보내주시겠다니 친절하고 너그러우신 말씀이에요. 감사드려요. 잠깐 동안 저도 그 생각에 기뻤던 건 사실이지만, 갈 수는 없어요. 저는 이번 여름 가정교사를 하면서 제 힘으로 사는 것을 시작할래요.

*6월 14일, 마그놀리아*

무슨 일이 일어났는지 아세요? 저비 도련님의 편지를 받았어요. 도련님은 제가 유럽에 가야 한다고 우기셨어요. 도련님은 아저씨가 제 후견인이자 제 가족의 오랜 친구인 줄 알아요. 도련님은 그런 제안을 거절하는 것은 바보짓이며 괜한 고집이라고 쓰셨어요. 도련님이 강압적으로 우기지만 않았어도 가겠다고 했을지 몰라요. 하지만 대신 가방을 챙겨서 이곳으로 와버렸어요. 그래서 지금 저는 이곳 패터슨 부인의 시골별장에서 부인의 딸들을 가르치고 있어요. 아저씨, 화내지 마세요, 제발요.

아저씨의 영원한,

주디 올림

p.84-85 *8월 19일*

키다리 아저씨께,

저는 매일 아침 두 명의 멍청한 여자아이들과 씨름하며 지내요. 오후에는 아이들과 바닷가로 나가 산책하거나 수영해요. 저비스 펜들턴 씨에게서 편지가 왔어요. 충고에 따르지 않은 걸로 제게 아직도 화가 나 계세요. 그렇지만 록 윌로우에 갈 테니 거기서 보자고 하시네요. 샐리도 편지를 보내서 9월 두 주 동안 자기네 캠프로 오라고 했어요. 가고 싶어요. 그리고 저비 도련님이 록 윌로우에 도착해서 제가 거기 없다는 것을 깨닫게 해주고 싶어요. 도련님에게 저보고 이래라 저래라 할 수 없다는 걸 보여주고 말 거예요.

주디 올림

*9월 6일, 맥브라이드 캠프*

아저씨께,

다행히도 아저씨 비서분의 편지가 제때 도착하지 못했어요. 그래서 저는 지금 샐리네 가족과 함께 있어요. 저는 너무 행복해요! 아저씨 말을 안 들어서 죄송해요. 하지만 여름 내내 일했으니 두 주 정도는 즐겁게 지내도 되잖아요.

사랑해요, 아저씨.

주디 올림

5장 | 4학년

p.90-91 *10월 3일*

키다리 아저씨께,

드디어 4학년이 되었어요. 그리고 올해 교지 편집장이 되었어요. 저비 도련님 편지를 받았는데요, 록 윌로우에서 회송된 거예요. 편지에는 도련님이 가을에 록 윌로우를 방문할 수 없게 되었으며 제가 시골생활을 만끽하기 바란다고 적혀 있어요. 하지만 제가 맥브라이드 가족과 있는 걸 알고 쓴 거예요. 줄리아가 고자질했거든요!

아저씨의 영원한,

주디 올림

*11월 17일*

키다리 아저씨께,

전 동정이 필요해요. 지난 겨울, 이야기 하나를 써서 출판사에 보냈어요. 어제 편집자의 편지와 함께 원고가 되돌아왔어요. 편집자 말로는 인물들은 터무니없고 줄거리는 유치하대요. 그러면서 저보고 계속 노력하라고는 하네요. 어젯밤 그 원고를 불태워버렸어요. 하지만 오늘 아침에는 행복한 마음으로 잠에서 깼어요. 머릿속에 새로운 이야기가 떠올랐거든요.

애정을 담아서,

주디 올림

p.92-93 *1월 9일*

아저씨께,

아주 곤란한 지경에 빠진 가족이 있어요. 가족의 아버지는 병으로 병원에 있어요. 큰딸은 하루에 겨우 몇 달러씩 벌어요. 어머니는 하나님께 기도할 뿐 아무것도 하는 게 없고요. 만약 100달러만 있으면 그 가족이 석탄과 음식을 살 수 있을 것 같아요. 이들을 좀 도와주시겠어요?

*나중에*

이틀 동안 편도선이 부어올라 앓고 있어요. 의사가 왜 제 부모님이 제가 아기였을 때 편도선을 제거해 주지 않았는지 궁금해했어요. 제가 고아원에서 컸다는 설명은 하지 않았어요.

애정을 담아서,

주디 올림

*1월 12일*

친애하는 박애주의자께,

아저씨의 수표가 어제 도착했습니다. 그 집 딸이 너무나 기뻐했어요. 그 어머니는 울면서 "주여, 감사합니다!"라고 했어요. 그래서 제가 "돈을 보내주신 건 키다리 아저씨고요, 그분에게 그렇게 하자고 한 건 바로 저였는데요."라고 말했어요.

아저씨의,

주디 올림

p.94-95 *4월 4일, 록 윌로우 농장*

아저씨께,

샐리와 제가 록 윌로우에서 부활절 방학을 보내고 있어요. 여기는 너무나 평화롭고 조용해요. 저희는 여기 열흘간 머물 예정이에요. 오늘 아침에는 샐리와 스카이 힐 정상에 올랐어요. 전에 저비 도련님과 저녁을 해먹던 그곳이지요. 도련님이 못 견디게 그리웠어요. 딱 2분 동안만요. 저는 지금 고아원을 소재로 한 이야기를 쓰고 있어요. 멋진 이야기가 될 거예요, 아저씨. 두고 보세요.

애정을 담아서,

주디 올림

*5월 17일*

키다리 아저씨께,

글을 하도 많이 써서 한쪽 어깨가 결려요. 3주 후면 졸업이에요. 아저씨가 꼭 와주셔야 해요. 줄리아는 저비 도련님을 초대할 거고 샐리는 지미가 올 거예요. 하지만 제가 초대할 사람이 달리 누가 있겠어요? 제발 와주세요.

사랑을 담아서,

주디 올림

p.96-97 *6월 19일*

키다리 아저씨께,

저는 이제 모든 교육을 마쳤어요! 보내주신 장미 감사드려요. 정말 예뻤어요. 저비 도련님과 지미도 저에게 장미를 주었지만 졸업식에는 아저씨가 주신 장미를 들고 갔어요.

지금은 록 윌로우에 와 있어요. 여름을 보내러 왔지만 어쩌면 영원히 있을지도 몰라요. 글을 쓰기에는 이곳만한 데가 없으니까요.

주디 애보트 올림

*7월 24일*

키다리 아저씨께,

저비 도련님이 금요일에 이곳으로 오셔서 일주일 동안 지내신대요. 도련님과 시간을 보내야 하기 때문에 다음주에는 편지를 별로 못 쓸 것 같아요.

아저씨의,

주디 올림

*8월 27일*

키다리 아저씨께,

샐리가 보스턴에 일자리를 얻어서 올 겨울에 그곳으로 가는데 저도 함께 갈지도 모르겠어요. 둘이 아파트를 얻어 함께 살 수도 있을 것 같아요. 아저씨가 좋아하실 것 같지 않지만, 그렇다고 이곳에 남아 있을 수도 없어요. 여기는 가족도 친구도 없어서 정말 비참해요. 아저씨, 제가 아저씨와 아는 사이라면 좋겠어요.

아저씨의,

주디 올림

p.98-99 *9월 19일, 록 윌로우 농장*

아저씨께,

중요한 일이 일어나서 아저씨의 충고가 필요하게 되었어요. 만나 뵐 수 없을까요, 네? 저는 지금 너무 불행해요.

주디 올림

*10월 3일, 록 윌로우 농장*

키다리 아저씨께,

오늘 아저씨의 편지가 도착했어요. 그동안 편찮으셨다니 마음이 아파요. 우선, 여기 1000달러짜리 수표를 보냅니다. 제발 안 받으시겠다고는 하지 말아 주세요. 제가 쓴 이야기가 팔렸어요. 책으로 출간될 거래요.

이제부터는 아저씨의 조언이 필요한 부분이에요. 저는 저비 도련님을 사랑해요. 그분이 제게 청혼하셨어요. 하지만 제가 거절했어요. 저 같은 고아가 그분처럼 중요한 사람과 결혼하는 건 나쁜 일 같아서요. 하지만 그분은 제가 지미와 결혼하고 싶어하는 걸로 오해하고 가버리셨어요. 그 후에 줄리아가 보낸 편지를 받았는데 저비 도련님이 많이 아프시대요. 저는 어떻게 하면 좋을까요?

주디 올림

*10월 6일*

키다리 아저씨께,

아저씨 편지 잘 받았습니다. 감사합니다. 그리고 말씀하신 대로 다음주 수요일 오후에 찾아뵐게요. 제가 아저씨를 진짜로 만나게 된다니 믿어지지 않아요.

애정을 담아서,

주디 올림

**p.100-101** *목요일 아침*

사랑하는 저비 도련님이자 키다리 아저씨이자 펜들턴 씨이자 스미스 씨께,

어제는 제 인생에서 가장 멋진 날이었어요. 아침에 눈을 떠서 가장 먼저 든 생각은 '내가 키다리 아저씨를 만나러 간다' 였어요. 그리고 기차를 타고 뉴욕으로 가는 내내 혼잣말로 '내가 키다리 아저씨를 만나러 가는 거야!' 를 반복했어요.

도착한 집이 엄청나게 커 보여서 겁이 좀 났어요. 집사가 저를 키다리 아저씨가 기다리고 계신 방으로 안내할 때 저는 또 혼자 '이제 내가 키다리 아저씨를 만나게 되는구나!' 라고 중얼거렸어요. 방 안은 어두워서 처음에는 제대로 보이지 않았어요. 그러다 커다란 의자에 앉아 있는 한 남자가 보였어요. 그 남자는 일어나서 아무 말 없이 그저 저를 바라보기만 했어요. 그리고 전 그때야 당신을 알아봤어요!

**p.102-103** 잠시나마 저는 키다리 아저씨가 당신에게 저를 만나러 그곳으로 오라고 부른 줄 알았어요. 그러다 당신이 웃으며 이렇게 말했어요. "귀여운 주디, 내가 키다리 아저씨인 줄 짐작도 못했나?" 아, 저는 정말 바보였어요! 제가 당연히 눈치 챘어야 했는데 말이에요, 그렇죠, 아저씨? 아니 저비? (이제 뭐라고 불러야 하죠?) 의사선생님이 저를 쫓아낼 때까지 우린 아주 행복한 30분을 보냈죠. 제가 마차를 타고 록 윌로우로 돌아올 때 별들은 또 어쩜 그리 빛나던지요! 오늘 아침 당신이 너무나 그리워요. 하지만 우린 곧 다시 만나게 되겠지요. 우리는 이제 서로에게 속한 거예요. 그리고 앞으로는 당신을 단 한 순간도 섭섭하지 않게 해드리겠어요.

영원한 당신의,

주디 올림

추신: 이건 제가 생전 처음 써보는 연애편지랍니다.